Jean Tulard
de l'Institut

LE TEMPS DES PASSIONS

Espérances, Tragédies et Mythes sous la Révolution et l'Empire

Avec la collaboration de Pierre-Jean Deschodt

BARTILLAT

Du même auteur

L'Anti-Napoléon, Julliard, 1964.
Le Mythe de Napoléon, Colin, 1971.
Nouvelle Histoire de Paris : le Consulat et l'Empire, Hachette, 1971.
Napoléon et la noblesse d'Empire, Tallandier, 1974.
Napoléon, Fayard, 1977.
La Vie quotidienne des Français sous Napoléon, Hachette, 1978.
Le Grand Empire, Albin Michel, 1982.
Murat, Hachette, 1983.
Les Révolutions, 1789-1851, Fayard, 1985.
Fiévée, Conseiller secret de Napoléon, Fayard, 1985.
Histoire et dictionnaire de la Révolution française, (en collaboration), Bouquins, 1987.
Dictionnaire Napoléon, Fayard, 1988.
Nouvelle Histoire de Paris : la Révolution, Hachette, 1989.
La Contre-Révolution, (en collaboration), Perrin, 1990.
Histoire de Napoléon par la peinture, Belfond, 1991.
Napoléon II, Fayard, 1992.
Itinéraire de Napoléon au jour le jour, (en collaboration), Tallandier, 1992.
Le Sacre de Napoléon, Imprimerie nationale, 1993.
Une journée particulière de Napoléon, Lattès, 1994.
Dictionnaire du Second Empire, Fayard, 1995.
Histoire et dictionnaire du Consulat et de l'Empire, (en collaboration), Bouquins, 1995.
La France de la Révolution et de l'Empire, PUF, 1995.

On ne fait rien de grand sans passion.

(Pensée attribuée à Napoléon)

Avant-propos

A Jean-Louis Deschodt

Encore un livre sur la Révolution et l'Empire me direz-vous ? Les entretiens qui suivent n'ont pas la prétention de renouveler la science historique ; cependant ils répondent à une volonté commune de montrer qu'il existe encore une autre lecture possible de l'événement révolutionnaire.

Etudier les années 1789-1815 sous l'angle des passions semblait inéluctable compte tenu du caractère même de cette période. Qu'est-ce qu'une passion ? Au XVIIe siècle l'oratorien J.-F. Senault qualifie le terme comme « un mouvement de l'appétit sensitif, causé par l'imagination d'un bien ou d'un mal apparent ou véritable » qui bouleverse la vision du cours des choses avec une propension à l'irrationnel. Ce qui détermine ces vingt-six années empreintes de démesure est un enchaînement, un entrelacement de diverses passions qui souvent atteignent un état paroxystique où le sang, la volupté et la mort se mêlent dans un rythme enivrant.

1789 marque la naissance d'une espérance qui, rapidement, s'étiole au profit d'un dogme professé par des sectateurs. Les délations succèdent aux trahisons avec une passion tout excessive ; commence alors une série d'événements troubles, sanguinaires et survivre devient le maître mot. Ces heurts, ces rixes, ces drames entraînent peu à peu les principaux acteurs royalistes, républicains et militaires vers la mort ; leur attitude face à l'au-delà donne à toutes ces années leur unité et au tragique sa plénitude. « Ce qu'il y a de remarquable, explique Jean Tulard, c'est que tous ces hommes savent mourir, qu'il s'agisse des Vendéens qui sacrifient leur vie pour Dieu et le Roi, des pontonniers dans l'eau glacée de la Bérézina ou de Danton qui trouve la force, comme Cadoudal après lui, de faire un mot d'esprit avant de périr... On meurt en chrétien, en homme d'esprit, en héros de Plutarque, ou en voluptueux, mais on meurt avec panache. »

Jean Tulard, hussard de la mémoire, était le mieux à même de satisfaire à l'exigence d'un paradoxe. Passionné par les mouvements de l'histoire, il peut discourir sur les passions révolutionnaires et napoléoniennes sans que ces dernières n'entravent le recul nécessaire à toute objectivité. Un regard scrutateur et une critique caustique permettent à travers ces libres propos et tout en respectant la dimension tragique du temps d'obtenir une vue de la Révolution et de l'Empire plus limpide et plus inattendue.

Pierre-Jean Deschodt.

L'espérance

A la lecture des événements de cette fin de siècle, la monarchie française devait impérativement se réformer. Certains réclamaient des innovations fiscales, d'autres évoquaient des modifications structurelles et des aménagements politiques ; quelques-uns en venaient à envisager la disparition de l'institution monarchique jugée irréformable. – Quelles furent les racines et la portée de ce nouvel état d'esprit ?

Il y a remise en cause des fondements de la monarchie française mais nullement contestation du principe monarchique lui-même. Ce qui est refusé c'est l'absolutisme. Il est d'ailleurs récent et ne s'est affirmé que sous Louis XIV. Or, Montesquieu le condamne au nom de la séparation des pouvoirs. Le Roi ne peut à lui seul exercer les prérogatives de l'exécutif, être source de loi et rendre la justice. L'absolutisme est contesté au nom de l'exemple anglais. De l'autre côté de la Manche règne un monarque parlementaire respectueux des libertés. En France, le Roi n'a d'autres limites que les lois fondamentales non écrites : loi salique qui règle la succession, nécessité de convoquer les Etats généraux pour approuver les nouveaux impôts. Les Etats généraux qui pourraient jouer le rôle d'un parlement ne se sont pas réunis depuis 1614. C'est le parlement de Paris qui, jouant sur les mots et sur son pouvoir d'enregistrement des lois, s'efforce de tenir le rôle du parlement anglais. Mais, à l'inverse de ce dernier, il n'est pas élu et donc nullement représentatif.

L'autre fondement de la Monarchie, c'est le sacre. Or cette dimension religieuse du pouvoir royal n'est plus admise que difficilement avec les progrès des Lumières et de l'irreligion. A la contestation de Montesquieu s'ajoute donc celle de Voltaire. Un esprit nouveau apparaît avec la Révolution d'Amérique. Il se fait plus radical. Les nouvelles constitutions américaines vont plus loin que les idées de Montesquieu : le peuple y exerce un pouvoir constituant. Sans doute était-il excessif de parler de « révolution atlantique » et de faire de la Révolution française la fille de la Révolution américaine – mais les idées venues de l'autre côté de l'Océan et vulgarisées par les officiers rentrés d'Amérique et les sociétés de pensée ont produit une forte impression, au moins sur les élites.

L'idée de transformer la Monarchie en République ne viendra qu'en 1791, avec la fuite du Roi. C'est alors que Bonaparte, nourri de Rousseau et de l'abbé Raynal, note : « J'ai lu tous les discours des orateurs monarchistes. J'y ai vu de grands efforts pour soutenir une mauvaise cause. Ils divaguent dans des assertions qu'ils ne prouvent pas. Vingt-cinq millions d'habitants ne peuvent pas vivre en République, disent-ils. Vingt-cinq millions d'hommes ne peuvent pas vivre en République est un adage impolitique. »

Quelles pouvaient être les motivations, les espérances des acteurs de 1789 ?

En 1789, la monarchie française est en proie à une crise financière. Le budget est en déficit et le Roi ne peut plus avoir recours à l'emprunt. Face à la menace d'une banqueroute, il a dû se résigner à convoquer les Etats généraux.

Dans la pensée du Roi, les Etats généraux n'ont qu'un rôle à jouer : proposer des solutions financières.

Cette convocation des Etats généraux a été voulue par la Noblesse. C'est la revanche des féodaux. Pour eux cette convocation marque la fin de l'absolutisme qu'ils ont mal supporté. C'est la fin de la royauté de droit divin puisque Louis XVI s'avoue impuissant à résoudre seul la crise financière. – La résistance est venue du parlement de Paris et la Noblesse soutient cette résistance qu'il s'agisse des novateurs comme La Fayette ou de conservateurs comme Castries. Alexandre de Lameth l'avoue : « Je dois le dire, toutes les personnes de la Cour, tous les chefs militaires engageaient le Parlement à la résistance. » Chateaubriand le reconnaît de son côté : « Les plus grands coups portés à l'antique constitution de l'Etat le furent par des gentilshommes. Les patriciens commencèrent la Révolution. »

Le comte de Provence a nourri quelque temps l'espoir de monter sur le trône. Il est prouvé aujourd'hui par la publication de ses lettres intimes au duc de Lévis qu'il a encouragé l'ignoble campagne de pamphlets contre Marie-Antoinette.

Quant au duc d'Orléans, il paraît certain qu'il a payé les émeutiers qui saccagèrent l'hôtel du manufacturier Réveillon en avril 1789. Espérait-il se substituer à Louis XVI ? Il y songea en 1791, au moment de la fuite du Roi.

Le bas clergé, humilié par les prélats, tous nobles sous le règne de Louis XVI, est avide de revanche. Le système électoral des Etats généraux les a avantagés au détriment des chanoines et des ordres religieux.

Sieyès dans sa brochure *Qu'est-ce que le Tiers Etat ?* a surtout voulu être le porte-parole des députés du troisième ordre. Il y parvient grâce à la fameuse formule par laquelle il ouvre son livre :

«1. Qu'est-ce que le Tiers Etat ? – Tout.

2. Qu'a-t-il été jusqu'à présent dans l'ordre politique ? – Rien.

3. Que demande-t-il ? – A devenir quelque chose.»

La démonstration s'articule autour d'une idée forte. Le Tiers est une nation complète. « Il est l'homme fort et robuste dont un bras est encore enchaîné. » Il doit affirmer son existence. Comment ? – En ayant aux Etats généraux de vrais représentants « aptes à interpréter sa pensée et à défendre ses intérêts ».

Et à les défendre efficacement. Le Tiers doit donc avoir une représentation double de celle des privilégiés et le vote aux Etats généraux doit se faire par tête.

Sieyès exprime l'opinion d'une élite. Mais en 1789, en dépit d'une conjoncture économique désastreuse, naît une immense espérance que traduisent les cahiers de doléances.

Rien de plus absurde que de décrire la France de 1789 en fonction de ces cahiers, puisque n'y figurent que des doléances. – Ce sont les vœux, parfois orientés mais souvent spontanés, exprimés dans les cahiers, qui méritent de retenir notre attention.

Une immense espérance traverse alors la France. – On attend des miracles des Etats généraux mais aussi du Roi dont la popularité demeure immense. Les revendications populaires frappent par leur aspect concret, précis : échapper à des charges arbitraires qui sont mentionnées, aux vexations, aux interdits, pouvoir enclore, sarcler ou se défendre contre les loups, avoir un chat que les gardes du seigneur ne tueront pas, vendre son vin sans attendre que le seigneur ait vendu le sien, pouvoir allumer un feu dans sa cabane sans avoir à payer un droit. Tout cela figure en vrac dans ces cahiers qui ont donné lieu à de nombreuses analyses d'Edme Champion à Pierre Goubert. Les habitants d'Exeaux, près d'Autun, se plaignent que le « curé exige la moitié du lit *(sic)* où décède un mari et qu'il prélève un droit de prélibation de quarante sols en argent et en bichet d'avoine ».

On attaque le traité de commerce que la France vient de signer avec l'Angleterre. Ce sont les habitants de Châtellerault qui le disent : « Il a porté la désolation dans nos manufactures, forcé de mettre bas les métiers et par là réduit à la mendicité une foule d'ouvriers. »

On demande aussi une réforme du clergé et les critiques pleuvent sur les ordres religieux. On réclame plus de liberté et l'on s'en prend aux lettres de cachet.

Une immense espérance mais nullement un vent de fronde. Que dit le Tiers de Chaumont-en-Vexin ? : « S'il se trouve dans les doléances des articles qui blessent quelques membres des autres ordres, les gens du Tiers protestent d'avance qu'en les y insérant, ils n'ont eu que le bien général en vue sans aucun dessein d'offenser personne, et surtout aucun des membres des deux ordres privilégiés qu'ils se font un devoir de chérir, honorer et respecter. »

Le Tiers d'Agen déclare : « Les députés voudront bien ne se présenter qu'avec les sentiments de douceur, de paix, d'union et de concorde qui seuls peuvent aplanir les difficultés. »

Dans le Pas-de-Calais, on s'excuse de l'audace des doléances : « Si nous avons osé former des plaintes et faire des demandes, c'est que Sa Majesté nous y a invités. » Ailleurs on pense que la réforme des lois est une œuvre de longue haleine. Et de toute façon on remercie Louis XVI de « nous donner la liberté de nous plaindre, précieux bienfait ».

Bien sûr, il y a dans ces cahiers beaucoup de phrases convenues et ces phrases, ne l'oublions pas, sont rédigées dans un contexte de crise économique et sociale, d'émeutes de la faim ou du chômage, d'inquiétants déplacements de vagabonds qui sèment la peur dans les campagnes. Reste que l'on a encore confiance dans le Roi et dans les Etats généraux. L'entrée dans « l'âge des Lumières » doit permettre des réformes qui mettront fin aux maux de la nation.

Les sociétés de pensée découvertes et analysées par Augustin Cochin n'ont-elles pas favorisé la création d'une espérance artificielle ? N'y a-t-il pas eu conspiration ?

L'idée d'un complot des philosophes et des francs-maçons a été développée très tôt. Dans son précieux petit livre sur les origines de la Révolution française, Jean-Paul Bertaud cite un article de *L'Ami du Roi*, le journal de l'abbé Royou, où il est dit en juin 1790 : « Une épouvantable conspiration s'est formée contre l'autel et le trône. » Il s'en prend à « une légion d'écrivains incendiaires dont la frénésie est évidemment l'ouvrage de cette fausse et astucieuse philosophie qui, depuis plus d'un demi-siècle, soulève les peuples contre ce qu'il leur importe le plus de respecter. – L'adulation, les promesses, les impostures, l'or des factieux ont achevé d'égarer la multitude ».

L'une des premières histoires de la Révolution, celle de Montjoye en 1792 mentionne une conspiration.

« Les apôtres de la philosophie firent circuler avec audace leur doctrine incendiaire. Ces principes avaient germé dans presque toutes les classes de la société, lorsque Louis XVI hérita de la couronne. »

Et puis survint Barruel. Il voit une triple conspiration : celle des philosophes contre le Dieu du christianisme, celle des philosophes unis aux francs-maçons contre les rois, et celle des philosophes, des francs-maçons et des illuminés contre toute religion et tout gouvernement. En 1798, Barruel bénéficie du recul. C'est d'ailleurs le moment où Maistre voit dans la Révolution un châtiment divin.

De Cochin à Faÿ la démonstration a été reprise par de nombreux historiens.

Peut-on vraiment parler d'un complot longuement ourdi avec des chefs occultes dont la franc-maçonnerie serait l'instrument ? Ce n'est pas invraisemblable mais on manque de documents pour l'affirmer de façon péremptoire. Ce qui est certain, c'est que les loges ont joué un rôle capital dans la diffusion des idées philosophiques. Ont-elles été conscientes de ce rôle ? C'est probable. Ont-elles été manipulées ? Je resterai prudent, même si des noms viennent à l'esprit, du duc d'Orléans à La Fayette, mais ils manquent d'envergure. Il faut mettre en cause plutôt un esprit du temps. N'oublions pas aussi l'influence du Protestantisme. Richelieu avait pensé qu'il serait un facteur de dissolution pour le royaume. Dans cette optique qu'il faudrait étayer, ne serait-on pas tenté de dire qu'en révoquant l'édit de Nantes et en poussant les protestants à l'exil, Louis XIV a retardé la Révolution et consolidé la monarchie absolue ? C'est excessif, mais l'hypothèse peut être soutenue. La Révolution deviendrait ainsi la fille de l'édit de tolérance. Necker n'était-il pas protestant ?

En deçà de la « Cité des Nuées », véritable émanation des cercles philosophiques se cache peut-être une aspiration collective à un nouvel ordre économique et social. Qu'en pensez-vous ?

On peut tout soutenir, je viens de vous le montrer, quant aux origines de la Révolution. Ernest Labrousse, qui enseigna à la Sorbonne, a présenté une thèse originale sur les origines économiques et sociales de 1789. En période de crise agricole – une mauvaise récolte – les paysans ne disposent pas du surplus de grains qu'ils négociaient, la part des droits seigneuriaux, de la dîme et des semailles prélevée étant fixe. Ils n'achètent donc pas aux colporteurs qui viennent leur proposer les produits de la ville. D'où, à la ville, le chômage qui vient s'ajouter à la disette. Sont frappés les ouvriers et les bourgeois. Ainsi, une mauvaise récolte crée une solidarité de « classe » au sein du Tiers Etat. En face, le noble qui a prélevé ses droits et le clergé la dîme, voient leurs prélèvements prendre une valeur accrue du fait de la rareté des grains. Comment ne susciteraient-ils pas la haine du Tiers ? Beau schéma de « lutte des classes », mais ingénieux sur le papier, ce schéma semble se heurter, sur le plan des études locales, à des impossibilités.

Les échecs successifs de Necker, Calonne et Brienne n'ont-ils pas créé une situation explosive ?

Au milieu des nombreuses explications proposées pour comprendre la Révolution, une certitude : la crise financière a servi de détonateur.

Le déficit des finances royales n'a pas cessé d'augmenter. La montée des dépenses publiques a été conditionnée par plusieurs facteurs : la hausse des prix due à l'inflation des métaux précieux a pesé sur les traitements et le coût des travaux publics, la guerre d'Amérique a coûté plus de deux milliards ; enfin les intérêts de la dette publique n'ont cessé de croître avec la multiplication des impôts. En revanche, le système d'affermage des impôts comme le caractère fixe de la taille qui ne pesait que sur les roturiers ne permettaient pas une augmentation des recettes.

Les dépenses, sauf celles de la Cour, étaient difficilement compressibles, surtout les intérêts de la dette, principale cause du déficit. Ni emprunt ni impôt nouveau : Turgot avait eu le souci d'accroître le rendement fiscal en donnant plus de prospérité au royaume grâce à des réformes économiques. Mais de la libre circulation des grains à l'abolition des corporations, ses projets se sont heurtés à la résistance du parlement de Paris. – Faute d'être soutenu par Louis XVI, Turgot a dû se retirer non sans avoir prophétisé que c'était la faiblesse qui avait conduit Charles Ier d'Angleterre sur l'échafaud.

Necker appelé à le remplacer ne sut, en bon banquier, qu'émettre de nouveaux emprunts. Pour rétablir la confiance, il eut l'idée de publier en 1781 le compte des finances publiques. Un budget arrangé qui faisait l'impasse sur le coût de la guerre d'Amérique. Cette publication fit sensation mais peut-être pas dans le sens escompté par Necker. Elle révéla en effet au pays les dépenses de la Cour, ce qui fit scandale. Marie-Antoinette obtint le renvoi de Necker. Necker, qu'on a surfait, avait éludé les réformes. Calonne fut d'une autre envergure. Appelé en 1783, il commença par beaucoup dépenser pour mieux emprunter : 487 millions en trois ans. Puis, quand la situation fut désespérée, le trou du budget devenu gouffre, il présenta un plan de réformes qu'il devenait difficile d'éluder, vu l'urgence de la situation. Ayant compris que c'était d'une réforme fiscale que devait venir le salut, il proposait une imposition territoriale due par tous les propriétaires. Il remettait ainsi en cause les privilèges fiscaux des deux premiers ordres. L'habileté était que cet impôt pesait sur la terre et non sur les personnes... A Louis XVI qui s'épouvantait, il faisait observer : « Sire, en l'état des choses (qu'il avait volontairement contribué à aggraver) c'est ce qu'on peut offrir de mieux à Votre Majesté. Il est indispensable de reprendre en sous-œuvre l'édifice entier afin d'en prévenir la ruine. »

Evitant le parlement de Paris, dont il devinait la réaction négative, Calonne convoqua, pour faire approuver ses réformes (à l'imposition territoriale s'ajoutaient à titre de compensation pour les privilégiés, la suppression de la capitation et du vingtième et la libre exportation des grains), une assemblée de notables assez représentative : nobles, parlementaires, députés des pays d'Etats, des municipalités.

Les privilégiés étaient pris au piège. Ils s'en sortirent en demandant la convocation des Etats généraux. – C'était invoquer une loi fondamentale du royaume qui exigeait cette convocation en cas de levée d'un impôt nouveau. Avec les Etats généraux, les privilégiés étaient sûrs de pouvoir bloquer les réformes qui porteraient atteinte à leurs intérêts. En 1614, les votes avaient été prononcés par *ordre*. Les privilégiés, clergé et noblesse, disposaient donc de deux voix contre une, celle du Tiers. Ils étaient maîtres du jeu. Et ils portaient un coup décisif à l'autorité absolue du monarque. Ils pouvaient en effet, en s'appuyant sur le parlement de Paris, bloquer toutes les réformes. Certes, le Roi pouvait imposer ses réformes au Parlement par un lit de justice, mais il dressait l'opinion contre lui. En réclamant la réunion des Etats généraux, les privilégiés se posaient en défenseurs de la liberté.

Successeur de Calonne, Brienne, tout aussi lucide, proposa un impôt territorial de 80 millions en argent et une augmentation de l'impôt du Timbre. Il se heurta à son tour à la résistance des parlements.

A la fin du règne de Louis XV, Maupeou les avait supprimés et engagé une grande réforme judiciaire. Elle eût permis à la Monarchie de faire l'économie de la Révolution. Mal conseillé par Maurepas, soucieux de flatter le clan Choiseul, Louis XVI rappela lors du lit de justice du 12 novembre 1774 l'ancien parlement de Paris, et, supprimant les six Conseils Supérieurs établis en 1771, rétablit les Cours des Aides... En restaurant le parlement de Paris, Louis XVI lui rendit son droit de remontrances. Une vraie folie.

Désabusé, Maupeou, un grand serviteur de la Monarchie, constatait : « J'avais fait gagner au Roi un procès qui durait (depuis) trois siècles, s'il veut le perdre encore, il est bien le maître. » Il mourut en 1792, suffisamment âgé pour voir se réaliser sa prédiction.

Rétablir le pouvoir négatif des parlementaires était conduire le régime à l'impuissance, fermer la porte aux essais de réformes sur le plan social et économique, à toute innovation financière. Les idées ne manquaient pas : Turgot en eut, Calonne également et Loménie de Brienne était loin d'être un ministre falot : aucun n'a pu parvenir à faire passer le dixième des réformes envisagées. Tout fut paralysé par le parlement de Paris. C'est de 1774 que date la Révolution.

Quand Brienne et Lamoignon engagent une nouvelle réforme financière et politique en mai 1788, il est trop tard.

Lamoignon a entrepris, par son Ordonnance criminelle de modifier la procédure d'enquête, abolissant la question préalable. Il simplifie les procédures, porte un coup terrible aux justices seigneuriales, démembre et réduit les ressorts des parlements et institue une cour plénière ayant seule pouvoir d'enregistrer et de promulguer les édits et ordonnances. Il prévoit même la sanction des Etats généraux.

On a l'impression d'une évolution inéluctable. Toute la question est de savoir si elle est acceptable ou acceptée.

Et en effet Lamoignon, après le succès des adversaires de son projet, face à l'agitation qui de Paris (on le brûla en effigie) gagna la province, tout particulièrement le Dauphiné et la Bretagne, pourra soupirer en juillet 1788 : « Les parlements, la noblesse et le clergé ont osé résister au Roi : avant deux ans, il n'y aura plus ni parlements, ni noblesse, ni clergé. » Comme Maupeou auparavant, il voit juste. Mais les réformes judiciaires de 1789-1791 seront à leur tour emportées par la Terreur.

Les uns vont en effet estimer que les réformes sont déjà allées trop loin et les autres exigeront vite des lois différentes de celles votées. Il y avait pourtant un arbitre, Louis XVI. Pourquoi n'a-t-il pas réussi à cristalliser les espérances de ses sujets autour de sa personne royale ?

L'avènement de Louis XVI fut salué avec enthousiasme. Louis XV a fini dans une totale impopularité. Impopularité injuste. On lui rend hommage aujourd'hui. En 1774, comme on l'a écrit, « la France fait largement crédit aux vertus et à la piété de son roi de vingt ans ». Dieu nous garde des chefs d'Etat vertueux.

L'instruction de Louis XVI sous la direction de son gouverneur, le duc de Vauguyon avait été excellente : le Roi était doué pour les travaux manuels aussi bien que pour les sciences de la mer, mais il manquait de caractère (« Le fond de son caractère était la faiblesse », écrit le comte de Saint-Priest dans ses mémoires) et de prestige bien que grand et fort (« Rien de hautain, ni de royal dans le maintien, toujours embarrassé de son épée, ne sachant que faire de son chapeau », note la marquise de La Tour du Pin dans son journal). Il se dit que le Roi n'a confiance qu'en la Reine et que c'est elle qui fait tout.

Dans sa pensée politique, Louis XVI semble avoir été influencé par Fénelon : faire le bonheur du peuple. Nullement en despote éclairé comme ses voisins à l'Est, ni en monarque parlementaire comme en Angleterre, mais d'une certaine manière en démocrate. L'expression a été employée par Jean de Viguerie dans son *Histoire et dictionnaire du temps des Lumières*. Après 1789, il renonce à peser sur le cours des événements, utilisant son droit de veto essentiellement pour préserver les prêtres réfractaires ou les émigrés. S'impose à lui l'idée du sacrifice. Il se sait innocent, s'étant refusé à faire couler le sang du peuple (fût-ce au détriment de ses partisans) et finirait par considérer sa mort comme une expiation des péchés du règne précédent. Joseph de Maistre n'est pas loin.

Finir guillotiné quand on a inspiré un tel espoir ! On lit dans les cahiers de doléances : « On ne sera plus réduit à dire : si le Roi savait ! Le Roi saura... l'industrie, la probité, l'économie, la piété, l'honneur régneront. – Les Français ne seront plus qu'un seul peuple, une grande famille où les aînés n'emploieront la supériorité de leurs lumières et de leurs forces que pour le bonheur de leurs frères. – Le caractère national reprendra son énergie et le patriotisme régnera dans tous les cœurs. Voici le siècle d'or si vanté dans l'Antiquité, désiré depuis si longtemps. » – Ce fut la Terreur.

D'autres espoirs et d'autres peurs sont-ils nés ?

Dès 1792, on se demande comment finira la Révolution. Au moment de la déclaration de guerre à l'Autriche, Robespierre qui y était hostile, prédit l'avènement d'un « messie botté ». La Fayette a cru être ce messie : il eût volontiers joué le rôle d'un maire du palais ; mais récusé par la Cour, soupçonné de trahison par les sans-culottes, il s'est vite usé. Il ne lui restera que la désertion. Même sort pour Dumouriez, plus intelligent mais dépourvu de charisme. A son tour Pichegru, en qui les Royalistes placèrent leurs espoirs, échoua. La Fayette, Dumouriez, Pichegru venaient trop tôt.

C'est quand la situation parut désespérée que l'on se tourna vers un « sauveur ». Certes le mot n'est pas employé à l'époque. La référence demeure Rome où dans les temps de crise pour la République, on faisait appel à un dictateur de salut public. Déjà le « Grand Comité » de l'An II s'appelait Comité de Salut Public. Il y aura un dictateur. Marat avait revendiqué pour lui la dictature. Ce sera finalement celle d'un militaire et du plus prestigieux, bien que fort jeune : Bonaparte.

C'est vers lui que se portent tous les espoirs. Son retour d'Egypte, où il avait pourtant laissé son armée bloquée par les Anglais, du Midi à Paris fut triomphal. A Avignon, le général Boulart décrit une foule immense et enthousiaste. « Dès cette époque, on le regardait comme appelé à sauver la France de la crise où l'avaient jetée le pitoyable gouvernement du Directoire et les revers de nos armées. » A Lyon, deux jours plus tard, la ville est illuminée et une pièce improvisée : *Le Héros de retour*. A Nevers, mêmes manifestations. C'est le sauveur. Un sauveur qui tient ses promesses. Pacification intérieure et extérieure, redressement financier, pose des « masses de granit » qui stabilisent une société formée d'individus éparpillés comme les grains de sable sur une plage.

Après 1809 et surtout après le mariage autrichien, c'est la déception. La guerre paraît ne jamais devoir se terminer. Rempart des conquêtes de la Révolution et surtout des profits qu'en avait tirés la bourgeoisie, Napoléon se voit dépouiller de ce rôle par les défaites.

Le divorce entre Napoléon et les notables est patent lors des premiers désastres d'Espagne. La séparation s'opère en 1814, quand Louis XVIII, renonçant aux menaces de la déclaration de Vérone en 1795, accepte de reconnaître la vente des biens nationaux, base des nouvelles fortunes.

Mais la bourgeoisie saura par la suite s'inventer d'autres sauveurs, avec une préférence marquée pour les militaires.

L'égalité

Menacé par la banqueroute et pressé par Brienne, le Roi convoqua les Etats généraux pour le 5 mai 1789. Quelles furent les premières réformes envisagées ?

Un changement de ministre, cela va de soi. Brienne se retire le 25 août, après l'arrêt du Conseil du 8 août convoquant les Etats généraux pour le 1er mai 1789. Depuis le 16 août, les paiements de l'Etat sont suspendus, faute d'argent. Voilà Brienne emporté par la tourmente et revoici Necker, réclamé par tous. Necker n'avait aucun programme, aucune volonté. Il ne savait qu'emprunter. Et pour cela, il lui fallait être populaire. La pire démagogie a suivi. La déclaration royale du 23 septembre 1788 rétablit les parlements dans toutes leurs prérogatives. La Monarchie capitule, comme en 1774. Les nouveaux ministres Necker et Barentin remplaçant Lamoignon n'y gagnent qu'un surcroît de désordre et le succès d'un emprunt de 80 millions qui aggrave encore la dette publique.

Le gros problème est celui du règlement électoral des Etats généraux. Consulté, le parlement de Paris découvre son jeu : les Etats doivent siéger « selon la forme observée en 1614 », chaque ordre ayant le même nombre de députés et comptant pour une voix. Du coup la popularité du Parlement s'effondre et Necker perd le bénéfice de son rétablissement. Necker se tourne vers l'assemblée des notables. Même résistance : « Que le Tiers Etat cesse d'attaquer les droits des deux premiers ordres. »

Pas question de toucher aux privilèges. Les Etats généraux ne sont convoqués que dans un seul but : saper les fondements de l'absolutisme. La manœuvre est clairement présentée dans l'arrêt du Parlement du 5 décembre 1788, dit « arrêt d'Epresménil » qui place la Monarchie sous la tutelle des parlements et des Etats et garantit la liberté des individus et des écrits. « Une réforme libérale aristocratique du type Montesquieu », a noté Hubert Méthivier. – La liberté, oui, l'égalité, non. Le Roi ne peut s'y rallier. Il tranche dans le conseil du 27 décembre 1788 : le Tiers aura autant de députés que les deux autres ordres réunis. Explosion d'enthousiasme dans le peuple. Mais Louis XVI, victime de son caractère indécis, ne va pas jusqu'au bout : il reste muet sur le vote par tête au sein des Etats. A quoi servira au Tiers d'avoir plus de députés que la Noblesse et le Clergé si l'on continue à voter par ordre ? Les privilégiés n'ont pas perdu la partie.

Le conflit autour du règlement électoral a-t-il favorisé le débat sur l'égalité ?

Incontestablement. – Le Tiers et ses partisans ne pouvaient que durcir leur opposition aux privilégiés. Ils sont venus siéger à Versailles convaincus que le Roi accorderait le vote par tête. – Déjà lors de la cérémonie du 4 mai, Mgr de La Fare a présenté au Roi « les hommages du Clergé, les respects de la Noblesse et les très humbles supplications du Tiers Etat », présentation maladroite qui ne pouvait que blesser le Tiers, humilié déjà par l'habit noir qu'il était obligé de porter et qui formait contraste avec les riches costumes de la Noblesse. Déception, le 5 mai. Certes, Necker dans un interminable discours fait allusion à l'égalité fiscale ; mais personne n'écoute, lassé par les considérations trop techniques de cette harangue. Ce que l'on sait, c'est qu'il n'y aura pas vérification *en commun* des pouvoirs des députés ni vote par tête, sans une âpre lutte.

N'oublions pas le contexte économique : la mauvaise récolte qui accroît les inégalités, les émeutes de la faim, les premiers châteaux qui brûlent. – Un bon observateur, Mallet du Pan, écrit dans *Le Mercure* : « Le débat public a changé de face. Il ne s'agit plus que très secondairement du Roi, du despotisme et de la constitution : c'est une guerre entre le Tiers Etat et les deux autres ordres. » La bataille contre les privilèges est lancée.

Et du coup, le serment du jeu de Paume modifie dans son essence l'autorité royale.

Faute d'avoir pris parti, Louis XVI est dépassé. Renforcée de quelques curés dont Grégoire, l'assemblée du Tiers peut prendre, sans crainte du ridicule, le nom d'Assemblée Nationale le 17 juin. Sieyès remarque que les 96/100 de la nation y sont représentés, ce qui est vrai. L'Assemblée Nationale se proclame SOUVERAINE en matière d'impôt et AUTORISE provisoirement les levées prévues antérieurement. C'est un acte révolutionnaire, le premier.

Louis XVI ne réagit pas. A sa décharge, il faut noter qu'il est affecté par la mort du Dauphin, le 14 juin.

Mais le 20, lorsque les députés de l'Assemblée Nationale veulent siéger dans la salle des Menus, ils la trouvent fermée. Ils se rendent alors au Jeu de Paume où ils prêtent le fameux serment de ne pas se séparer « jusqu'à ce que la constitution du royaume soit établie et affermie sur des fondations solides ». Un nouveau pas est franchi.

Le Roi cède et propose – trop tard – un programme où l'égalité fiscale voisine avec la liberté de la presse. Mais les privilèges demeurent. Et le discours s'achève par une menace : « Si vous m'abandonnez, SEUL je ferai le bonheur de mes peuples. » La dissolution des Etats généraux est dans l'air. Mais le Roi recule, le 27 juin, devant l'épreuve de force et ordonne lui-même la fusion des trois ordres dans « la salle nationale ».

L'épreuve de force s'achève par la Constituante du 9 juillet 1789, laissant de nombreuses questions pendantes. La nuit du 4 août, dans un « enthousiasme sacré », l'abolition des privilèges est annoncée. Quelles étaient les intentions des acteurs de cette folle nuit ? Les conséquences sur les fondements de la société furent-elles considérables ?

Fruit de la Grande Peur, d'une révolte SOCIALE qui n'a pas touché au demeurant tout le pays, la nuit du 4 août 1789 consacre l'avènement de l'égalité. – C'est un événement d'une portée immense.

Que trouve-t-on à l'origine des émeutes dans les campagnes ? Le refus des droits féodaux. On a beaucoup discuté sur ces droits féodaux. Variables selon les régions, ils étaient plus impopulaires qu'insupportables. Les paysans les ressentaient avant tout comme une humiliation mais il faut dire aussi qu'en période de crise, ils devenaient inévitablement plus pesants. Ces châteaux qu'on brûle, ces terriers que l'on détruit, ces seigneurs que l'on moleste, sous l'effet de la peur des brigands, ne pouvaient que terroriser Versailles où siégeaient les députés. Les nouvelles circulaient mal à cette époque. Les émeutes de l'été 1789 ont peut-être été amplifiées. La peur en tout cas a gagné à son tour l'Assemblée Nationale. Il était confortable de discuter de la constitution à donner à la France, d'agiter de grands principes. L'insurrection rattrape les députés qui pensaient que le peuple ne pouvait se soulever que pour leur défense et non pour des raisons de famine ou de misère. Robespierre fera la même erreur en 1793, quand il s'étonnera devant les émeutes parisiennes, estimant que le peuple n'a pas à se soulever pour de « chétives denrées ». Belle illusion ou magnifique égoïsme.

A l'été 1789, on découvre « une guerre des pauvres contre les riches ». Il faut calmer au plus vite l'exaspération des masses rurales, la jacquerie nouvelle. Un seul moyen : abattre la féodalité mais « contre juste et préalable indemnité ».

Il y eut peut-être complot, en tout cas concertation le 3 août, par l'intermédiaire du club breton. Le 4, à 8 heures du soir, Noailles monte à la tribune : « Vous voulez arrêter l'effervescence ? Il faut satisfaire les paroisses rurales qui désirent moins une constitution que l'abolition des aides et l'échange des droits seigneuriaux avec la suppression sans indemnité des mainmortes, des corvées seigneuriales, l'égalité de tous devant l'impôt. » On a beaucoup plaisanté l'étendue du sacrifice de Noailles, cadet sans fortune. Pris de vitesse, le duc d'Aiguillon fait de la surenchère sur les privilèges fiscaux. Dès lors, c'est du délire : Beauharnais fait voter l'accès de tous aux fonctions publiques et l'égalité devant la justice, Lubersac, évêque de Chartres, fait abolir le monopole de la chasse ; les pays d'Etats renoncent à leurs privilèges. Un vent de folie semble passer sur l'assemblée. Les témoignages des députés du Tiers rendent bien cette atmosphère : « L'on se sentait transporté et en délire » écrit l'un d'eux, et un autre : « On pleurait, on s'embrassait. Quelle nation ! Quelle gloire ! Quel honneur d'être Français ! »

En une nuit, tout ce que Turgot, Calonne et Brienne n'avaient pu obtenir était voté et même au-delà. C'est tout l'édifice social de l'Ancien Régime qui s'écroulait, un régime fondé sur les privilèges. Non seulement les droits féodaux, dont l'impopulaire corvée, mais aussi la vénalité des charges, fondement de l'administration et les corporations, base de l'économie. Le bouleversement était total, la révolution faite.

Pourtant des correctifs furent apportés aux résolutions prises lors de cette nuit historique. Pourquoi ?

C'est que la fièvre tombée, le réveil fut amer. Beaucoup de députés avaient d'ailleurs parlé à titre personnel, se réservant d'en référer à leurs mandants. Il n'était pas possible de revenir sur l'abolition du servage, de la mainmorte et des corvées, ni sur l'égalité fiscale. Les privilèges ont pris fin. Mais il n'en allait pas de même pour les droits seigneuriaux ou les dîmes considérés comme des propriétés. Le décret du 11 août 1789 déclare finalement rachetables seulement les droits réels qui pèsent sur les récoltes et l'exploitation. Un comité des droits féodaux est établi avec pour mission de préparer la procédure d'abolition ou de rachat, en fait il s'agit de limiter les dégâts.

Ce n'est que sous la pression des événements que le 25 août 1792 la Législative abolira sans indemnité les droits féodaux dont le propriétaire ne peut fournir les titres. L'abolition sera totale et sans indemnité le 17 juillet 1793.

Si le décret d'Allarde, en mars 1791, consacre les suppressions des maîtrises et des jurandes, la loi Le Chapelier du 17 juin 1791 interdit toute coalition, la grève devient illégale.

Malgré bien des restrictions, imposées par le libéralisme ambiant, la nuit du 4 août n'en revêt pas moins une immense portée dans le domaine de l'égalité. Elle met fin à la société d'ordres fondée sur le privilège pour lui substituer la société de classes qui repose sur l'argent.

Le 26 août 1789, l'Assemblée jeta les bases de la France nouvelle en procédant au vote de la Déclaration des droits de l'homme et du citoyen. Quelles en furent les raisons ?

Après avoir détruit, il fallait reconstruire. – On définit donc de nouveaux principes sous forme d'une déclaration que le 26 août la Constituante décida de publier sans plus attendre, tout en reconnaissant qu'elle n'était pas « finie ». Il s'agit d'un texte imparfait, inspiré des Américains, de Locke, de Voltaire et de Rousseau. Si l'on y considère l'égalité, seule l'égalité des droits est prise en compte, égalité devant la loi ou le fisc, mais non égalité économique. Bien des imperfections pourraient être relevées : ni la liberté d'association ni la liberté de l'enseignement ne sont proclamées. Pas un mot sur l'esclavage. Rien sur le suffrage universel. Rien sur la condition féminine. La déclaration se veut plus machine de guerre contre l'Ancien Régime que fondement d'une nouvelle société.

D'où vient son prestige ? Pourquoi les Constitutions de 1946 et 1958 y font-elles référence ?

Parce que cette déclaration fut la première de notre histoire, mais n'oublions pas que la Convention l'envoya au pilon en 1793. Elle considérait qu'il s'agissait d'un préambule à une constitution monarchiste.

Pourquoi dans ce texte fondamental toute référence aux devoirs fut-elle exclue ?

Le grand débat a porté sur l'invocation à Dieu que souhaitaient de nombreux députés. On a substitué à Dieu « l'Etre suprême », formule vague qui satisfait tout le monde mais irrite les catholiques. Le catholicisme n'est plus religion d'Etat, mais il est vrai, la liberté de culte n'est pas proclamée en 1789. L'article 10 note seulement : « Nul ne doit être inquiété pour ses opinions, même religieuses, pourvu que leur manifestation ne trouble pas l'ordre public établi par la loi. » Il n'était pas question d'aller plus loin avec une déclaration des devoirs voulue par certains députés du Clergé. Il faudra attendre la Constitution de 1795 qui comportera une déclaration des devoirs fondée sur une morale laïque.

Une transformation des rapports sociaux ne se produit-elle pas à la suite de l'égalité dans la naissance ?

Au système de l'aristocratie se substitue celui de la ploutocratie. Il faut toujours une hiérarchie, des différences : elles seront désormais fondées sur l'argent.

On le voit dans le système politique avec la création des citoyens actifs.

La Constitution de 1791 établit en effet un système électoral plutôt compliqué. Pour voter, il faut être citoyen actif. Première entorse au système de l'égalité, puisque les citoyens passifs sont exclus de toute élection. Pour être citoyen actif, il faut être né ou devenu Français (il n'y a pas de citoyens du monde) ; être domicilié dans la ville ou le canton depuis un temps défini par la loi (ce qui exclut les journaliers), ne pas être domestique (ils étaient alors très nombreux) et surtout payer une contribution directe au moins égale à la valeur de trois journées de travail. Mais ces premiers électeurs n'ont d'autre rôle que de se réunir en assemblées primaires pour y désigner des électeurs à raison d'un électeur pour cent citoyens actifs.

Pour être électeur, il faut être propriétaire ou usufruitier d'un bien évalué à un revenu égal à la valeur locale de deux cents journées de travail ou être locataire d'une habitation évaluée à un revenu égal à la valeur de cent cinquante journées de travail. Cela pour les villes au-dessus de six mille âmes. Pour les autres villes, il fallait être propriétaire ou usufruitier d'un bien évalué à un revenu égal à la valeur locale de cent cinquante journées de travail ou être locataire d'une habitation évaluée à un revenu égal à la valeur de cent journées de travail. Dans les campagnes, il fallait être propriétaire d'un bien évalué à un revenu égal à la valeur locale de cent cinquante journées de travail ou fermier ou métayer de biens évalués à la valeur de quatre cents journées de travail.

Ainsi une inégalité politique était-elle proclamée officiellement. Les pauvres étaient exclus des scrutins.

Les élections qui se succèdent jusqu'en 1799 ont-elles eu un certain succès ?

Les élections de 1791 se limitent à une sorte de « pays légal ». On vota largement et les abstentions furent faibles. Les électeurs avaient été élus avant la fuite à Varennes, mais les députés furent, eux, désignés après, dans un contexte d'agitation. De là le succès des Girondins. Les nouveaux députés venaient en grand nombre des administrations départementales. Le travail sur le plan local commence déjà à être payant.

Les élections de 1792 ont eu lieu au suffrage universel (la Législative ayant déclaré qu'elle supprimait la distinction entre citoyens actifs et citoyens passifs) mais à deux degrés comme en 1791. Mais ces élections ne furent pas libres. Exclusions (notamment de citoyens ayant signé des pétitions « inciviques » ou affichant des opinions royalistes) et pressions diverses. Je ne retiendrai qu'un exemple : « Un membre de l'assemblée électorale de Seine-et-Marne, emporté par l'excès de sa haine pour le traître assassin du peuple, a demandé qu'il fût fondu un canon du calibre de sa tête et qu'elle fût ainsi envoyée à l'ennemi. – Les applaudissements de l'assemblée ont attesté son assentiment à cette motion inspirée par le patriotisme outragé. » On conçoit qu'il n'y ait pas eu beaucoup de royalistes face à de tels électeurs. Le taux d'abstention fut alors important.

En 1795, le décret des 2/3 faussa une nouvelle fois les résultats. Déjà, lors du référendum sur la nouvelle constitution et le décret des 2/3 il y eut énormément d'irrégularités et de nombreuses abstentions. De plus le suffrage censitaire était rétabli. On ne peut être citoyen français si l'on ne paie une contribution directe, foncière ou personnelle. Les assemblées primaires désignent des électeurs. Ceux-ci, dans les communes au-dessus de six mille habitants doivent être propriétaires ou usufruitiers d'un bien d'un revenu égal à la valeur de deux cents journées de travail ou être locataires, soit d'une habitation évaluée à un revenu égal à la valeur de cent cinquante journées de travail, soit d'un bien rural évalué à deux cents journées de travail.

On retrouve les conditions de 1791. Il en va de même pour les autres communes. On reprend donc le raisonnement de 1791. Daunou affirme : « Il est impossible que tous les hommes jouissent de leurs droits politiques », « il faut écarter ceux qui n'ont rien car en général, l'indigence suppose la fainéantise ou la paresse. » Un député, Souhait, osa seul, ou presque, protester contre cette exclusion ne respectant pas l'égalité des droits : « Cette classe d'hommes qu'on appelle prolétaires s'est armée avec enthousiasme pour la liberté commune. Qui peut douter que la Révolution ait été faite par le peuple ? » Il n'est pas suivi et le suffrage universel disparaît.

Qu'importe d'ailleurs. Pour les élections de 1797 (on renouvelait le Corps Législatif par tiers tous les ans), on retira le droit de vote dans les assemblées primaires aux citoyens qui avaient été inscrits sur des listes d'émigrés et on exigea un serment de haine à la royauté transformé ensuite en serment d'attachement à la constitution. – Puis les élections n'ayant pas donné satisfaction au Directoire, on les cassa. L'année suivante, les élections furent plus mouvementées encore car il y eut des scissions au sein des assemblées primaires puis des assemblées électorales, entre le 9 et le 18 avril 1798. – Et comme les résultats ne donnèrent pas, une nouvelle fois, satisfaction au Directoire (une majorité jacobine succédant à une majorité royaliste, la droite adorant la politique du pire), ils furent cassés.

Les élections du 21 mars au 9 avril 1799 ne furent pas plus favorables au régime, mais cette fois il dut s'incliner.

Avec l'arrivée au pouvoir de Bonaparte, les élections ne vont-elles pas changer de nature ?

Le Directoire s'achève dans l'indifférence. Le premier consul rétablit le suffrage universel mais il le tourne aussitôt. Considérons la Constitution de l'An VIII : « Les citoyens de chaque arrondissement communal désignent par leurs suffrages ceux d'entre eux qu'ils croient les plus propres à gérer les affaires publiques. Il en résulte une liste de confiance, contenant un nombre de noms égal au dixième du nombre de citoyens. » Jusque-là, rien à dire. Mais c'est sur cette liste que l'exécutif choisit les responsables de l'arrondissement. Les citoyens sont dépourvus de ce droit.

A partir des listes communales s'établit la liste départementale et à partir des listes départementales une liste nationale sur laquelle sont choisis par le Sénat les législateurs, les tribuns, les juges de cassation et les commissaires à la comptabilité. Suffrage indirect qui dépouille les électeurs. – A ces listes la Constitution de l'An X substituera des collèges électoraux. Ce sont eux qui font les propositions au Conseil général, au Corps législatif ou au Sénat. Mais le choix définitif ne leur appartient pas. De toute façon, à partir de 1804, les assemblées cesseront, jusqu'en 1814, d'avoir un rôle important. Et du coup, les collèges électoraux n'atteignent souvent même pas le quorum.

Le 21 mars 1804, le Code civil est promulgué. L'égalité devant la loi est confirmée. Au-delà de ce principe, ce texte ne représenta-t-il pas une tentative de synthèse entre la conception du passé et celle du présent ?

L'idée de l'unification du droit civil était ancienne. La Révolution y avait songé. Trois projets furent même rédigés par Cambacérès. – Le 24 thermidor an VIII,

Bonaparte, à son tour, a nommé une commission de quatre membres. Elle comprenait deux juristes du Nord : Tronchet et Bigot de Préameneu et deux juristes du Midi : Maleville et Portalis. Le projet fut prêt en quatre mois. Mais il fut soumis au Tribunal de cassation, aux tribunaux d'appel, puis discuté au Conseil d'Etat en présence du premier consul, avant de connaître l'épreuve des assemblées.

Le code définitif empruntait au droit romain comme au droit coutumier français, à la législation de l'Ancien Régime comme à celle de la Révolution. Ecrit dans un style clair (mais moins peut-être qu'on ne l'a dit), il s'intéresse surtout à la propriété considérée comme un droit absolu, et c'est en parlant de la propriété que nous l'analyserons plus longuement. Mais s'il marque un recul par rapport à la législation révolutionnaire, il n'en consacre pas moins l'égalité devant la loi et l'abolition des privilèges.

Ce code a surtout été une machine de guerre contre la féodalité. Partout où il a été exporté, en Belgique, en Hollande, au Luxembourg, en Rhénanie, en Suisse, dans certaines parties de l'Italie, il a laissé une forte empreinte, même après la chute de l'Empire napoléonien. Marx lui-même lui rend hommage. Le Code civil consacre la victoire – au demeurant relative – du principe de l'égalité. Comprenons de l'égalité civile et politique. La propriété demande un développement à part.

La propriété

La propriété privée fut déclarée droit naturel et imprescriptible à l'article 2 de la Déclaration des droits de l'homme, inviolable et sacrée à l'article 17. La logique de la crise économique, à partir de 1792, porta au premier plan la problématique : égalité de droits ou égalité des moyens, égalité formelle ou réelle ?

La propriété est au cœur des préoccupations des hommes de la Révolution. Sans doute ont-ils eu le sentiment d'ouvrir la boîte de Pandore et ont-ils voulu s'assurer de solides garanties. Napoléon avec une très grande lucidité déclarait : « A l'origine de la Révolution, il y a la vanité. La liberté n'a été qu'un prétexte. » La vanité et donc l'envie. On enviait la fortune, le train de vie, le rang de la noblesse et du haut clergé. On entendait les déposséder de leurs avantages. C'est ce que laisse entendre Sieyès dans sa fameuse brochure : *Qu'est-ce que le Tiers Etat ?* Ce que veulent les épigones de Sieyès, c'est un transfert de richesse et de reconnaissance sociale. – Mais ils n'entendent pas bousculer de fond en comble les fondements de la société au nom d'une égalité utopique. Il est frappant de constater que dans la Déclaration des droits de l'homme et du citoyen du 26 août 1789, la propriété soit citée à l'article 2, tout de suite après la liberté, parmi les « droits naturels et imprescriptibles » de l'homme.

Elle est inviolable et sacrée à l'article 17.

Dans la déclaration qui précède la Constitution de 1793, la plus démocratique, la plus démagogique même de notre histoire, la propriété figure à l'article 2. Cette fois elle est en quatrième position, précédée par l'égalité, la liberté et la sûreté, mais elle est présente. Elle est définie à l'article 16 : « Le droit de propriété est celui qui appartient à tout citoyen de jouir et de disposer à son gré de ses biens, de ses revenus, du fruit de son travail et de son industrie. » Et l'article 19 confirme que l'on ne peut être privé de ce droit sans « une juste et préalable indemnité ».

Et à nouveau, la déclaration de 1795 reconnaît ce droit.

A la même époque Boissy d'Anglas est très clair. Le 23 juin 1795, il affirme : « Vous devez garantir la propriété du riche. L'égalité civile, voilà tout ce que l'homme raisonnable peut exiger. L'égalité absolue est une chimère ; pour qu'elle pût exister, il faudrait qu'il existât une égalité entière dans l'esprit, la vertu, la force physique, l'éducation, la fortune de tous les hommes. » Et il résume sa pensée par la célèbre formule : « Un pays gouverné par les propriétaires est dans l'ordre social ; celui où les non-propriétaires gouvernent est dans l'état de nature. » Il explique d'ailleurs cette politique, il la justifie : « Si vous donnez à des hommes sans propriété les droits politiques sans réserves, et s'ils se trouvent jamais sur les bancs des législateurs, ils exciteront ou laisseront exciter des agitateurs sans en craindre l'effet ; ils établiront ou laisseront établir des taxes funestes au commerce et à l'agriculture, parce qu'ils n'en auront senti ni redouté ni prévu les conséquences et ils nous précipiteront enfin dans ces convulsions violentes dont nous sortons à peine. »

Boissy d'Anglas justifie de la sorte le système censitaire. Ne votent que ceux qui paient un certain taux d'impôt. C'était le principe posé dans la Constitution de 1791 et qui régnera de 1815 à 1848, date de l'avènement du suffrage universel. Système qui a sa logique : pourquoi les pauvres participeraient-ils à l'élaboration du budget de l'Etat alors qu'ils ne l'ont alimenté par aucune contribution ? Et pourquoi confier la gestion des affaires publiques à des pauvres qui n'ont pas su gérer leurs affaires privées puisqu'ils sont pauvres ? S'y ajoutait un argument naïf : les pauvres, s'ils s'approchent des deniers publics, chercheront à s'enrichir aux dépens de l'Etat, tandis que les riches, l'étant déjà, seront plus honnêtes.

La subordination du droit de propriété au droit à l'existence posant ainsi « les fondements théoriques d'une nation égalitaire », trouva-t-elle un écho favorable sur les bancs de la Convention ?

La Convention fut surtout dominée, d'abord par les Girondins, ensuite par les Montagnards. Les différences entre les deux partis étaient faibles : mêmes milieux sociaux, même républicanisme de fraîche date, même libéralisme économique. L'opposition se faisait sur le rôle de Paris – encore la Montagne s'est-elle vite trouvée en conflit avec la Commune... Il s'agissait avant tout de querelles de personnes. Le triumvirat Robespierre-Danton-Marat inspirait une vive répulsion aux amis de Madame Roland.

La position des Girondins sur l'égalité avait été définie par Vergniaud le 13 mars 1793 : « L'égalité pour l'homme social n'est que celle des droits : elle n'est pas plus celle des fortunes que celle des tailles, celle des forces, de l'esprit, de l'activité, de l'industrie et du travail. »

Lors des troubles de l'automne 1792, à Versailles, Etampes et Rambouillet et sur les grands marchés de grains en Beauce, les Girondins réclamèrent une stricte orthodoxie libérale : pas de taxation, la liberté la plus entière « pour le commerce des grains », peine de mort contre les fauteurs de désordres. Seules les exportations furent interdites.

Les Montagnards auraient dû soutenir les émeutiers. Belle occasion d'ennuyer les Girondins. Ils n'en firent rien. Lorsque le 12 février 1793, des délégués des sections de Paris vinrent demander sous forme d'une pétition la taxation des grains, Marat dénonça dans cette pétition une basse intrigue contre la République. Après les troubles du 25 février dans le quartier des Lombards, à la suite de la rareté des produits coloniaux, dont le manque de sucre, c'est Robespierre qui stigmatisa les fauteurs de ces troubles. Il y voyait une « trame ourdie contre les patriotes eux-mêmes » ; il déplorait que le peuple s'insurge pour de « chétives marchandises », et lançait : « Le peuple doit se lever, non pour recueillir du sucre, mais pour terrasser les brigands. » Ainsi les Montagnards faisaient-ils preuve de la même incompréhension à l'égard de la crise des subsistances. Mais, sous la pression populaire, ils ont dû faire des concessions. La déclaration des droits de 1793 parle de « bonheur commun » ; elle affirme le droit à l'assistance.

« Les secours publics sont une dette sacrée. La société doit la subsistance aux citoyens malheureux, soit en leur procurant du travail, soit en assurant les MOYENS D'EXISTER à ceux qui sont hors d'état de travailler. »

Mais cela tenait de la déclaration d'intention, du vœu pieux et la Constitution de 1793 ne fut jamais appliquée.

Les Montagnards n'ont jamais toléré les attaques contre les commerçants : les pillages mettaient en cause le droit de propriété. Il leur a fallu pourtant céder : établissement d'un maximum national des grains et des farines, le 11 septembre 1793, puis loi du maximum général touchant toutes les denrées de première nécessité le 29 septembre 1793 ; la taxe prend le prix moyen de 1790 augmenté d'un tiers. Mais les Montagnards sont des réalistes et non toujours des démagogues : la loi fixe aussi le maximum des salaires, le taux de 1790 majoré de moitié. Or s'il est difficile de faire respecter le maximum des prix (un marché parallèle, le marché noir, se développe aussitôt), il n'en va pas de même du maximum des salaires, surtout en période de chômage.

Vous avez évoqué les révoltes nées de la question des subsistances. Elles furent le prétexte à des revendications égalitaires. Jacques Roux, dans son adresse à la Convention du 25 juin 1793, formula son exigence de l'égalité : « La liberté n'est qu'un vain fantôme quand une classe d'hommes peut affamer l'autre impunément. L'égalité n'est qu'un vain fantôme quand le riche, par le monopole, exerce le droit de vie et de mort sur ses semblables. » Quelle fut la réaction des révolutionnaires ?

La crise sociale a d'abord été forte en province à l'automne 1792 : Taboureau à Orléans, Chalier à Lyon. Puis sont apparus à Paris des meneurs, fin novembre, qui avaient nom Jacques Roux et Varlet. Ils reçurent le nom d'« Enragés ». Le discours qu'ils tiennent est nouveau. La lutte entre l'aristocratie et les bourgeois perd de son intensité au profit des revendications du petit peuple contre son allié, le bourgeois, qui semble l'oublier. Le bourgeois, c'est le commerçant, l'agioteur, le député qui s'enrichit au détriment du peuple.

Le programme est précis ; il est contenu dans la pétition du 12 février 1793 qui irrite tant Marat : « Ce n'est pas assez que d'avoir déclaré que nous sommes républicains français, il faut encore que le peuple soit heureux, il faut qu'il ait du pain, car où il n'y a plus de pain, il n'y a plus de lois, plus de liberté, plus de république. »

La Commune de Paris, aux mains des Hébertistes, a pris le relais. – Chaumette, procureur syndic s'exclame devant les manifestants qui avaient envahi la Commune : « Et moi aussi j'ai été pauvre et par conséquent je sais ce que c'est que les pauvres. C'est ici la guerre ouverte des riches contre les pauvres : ils veulent nous écraser ; eh bien ! il faut les prévenir ; il faut les écraser nous-mêmes ; nous avons la force en main ! »

Hébert dans *Le Père Duchesne* écrit : « La patrie, foutre, les négociants n'en ont point. Tant qu'ils ont cru que la Révolution leur serait utile, ils l'ont soutenue ; ils ont prêté la main aux sans-culottes pour détruire la noblesse et les parlements ; mais c'était pour se mettre à la place des aristocrates.

Aussi depuis qu'il n'existe plus de citoyens actifs (ceux qui payaient le cens et participaient, d'après la Constitution de 1791, à l'élection des députés et des autorités départementales), depuis que le plus malheureux sans-culotte jouit des mêmes droits que le plus riche maltôtier, tous ces jean-foutre nous ont tourné casaque et ils emploient le vert et le sec pour détruire la République ; ils ont accaparé toutes les denrées, toutes les subsistances, pour nous les revendre au poids de l'or ou pour amener la disette. » On va même jusqu'à réclamer un maximum des fortunes.

Quelle était la personnalité de Jacques Roux ?

C'était un prêtre, né en Charente d'un milieu aisé. – Vicaire à Saint-Thomas-de-Conac, il avait salué avec enthousiasme la révolte de ses paysans contre les droits féodaux. Cela lui avait valu d'être frappé d'interdit. Ayant approuvé la Constitution civile du clergé, il se retrouve vicaire à Saint-Nicolas-des-Champs dans la section des Gravilliers. Très vite les questions sociales l'ont davantage préoccupé que les problèmes religieux. Il représente les Gravilliers au Conseil général de la Commune qui le désigne comme commissaire pour assister à l'exécution de Louis XVI. On ne saurait dire qu'à cette occasion il ait fait preuve d'une grande humanité. Au contact de la misère populaire, il a durci ses positions. Il devient un « enragé ». – Mais il va trop loin, même pour la Commune. Marat, le 4 juillet 1793, le qualifie de « faux patriote ».

Robespierre à son tour l'accuse d'être « un patriote d'un jour », un « salarié des ennemis du peuple ». Finalement la Convention décrète son arrestation le 22 août. – Il est libéré le 27, mais arrêté à nouveau le 5 septembre. Traduit devant le Tribunal révolutionnaire, il préfère le poignard à la guillotine.

« Enragé » est le terme qui lui convient. Entraîné par sa passion de justice sociale, il n'a pas eu le temps d'élaborer une doctrine, de proposer des solutions. On le devine emporté par son indignation, par un incontestable fanatisme, ne mesurant plus ses paroles. Il suscitait l'irritation des députés de la Montagne et la jalousie des Hébertistes de la Commune... Sa sincérité est incontestable et les accusations de comploteur lancées contre lui par Robespierre tout à fait injustes.

S'il n'y a pas de complot des Enragés, n'y a-t-il pas eu complot des Hébertistes ?

Hébert est très différent de Jacques Roux, plus douteux et moins énergique. C'est un démagogue qui sait parler aux sans-culottes. Son journal *Le Père Duchesne* a été très lu. Il n'est plus guère lisible aujourd'hui, encombré de « foutre » et autres expressions ordurières. Ce démagogue était-il sincère ? A tout le moins opportuniste. Vénal ? Arnaud de Lestapis, dans un livre très documenté, *La Conspiration de Batz*, en fait l'un des agents du redoutable conspirateur que fut le baron de Batz. – C'est Chabot qui l'aurait dénoncé, mais Robespierre aurait fait étouffer cet aspect du Père Duchesne, pour éviter que soit jeté un discrédit sur les hommes de la Révolution.

Il s'agissait en fait pour Hébert de jouer les ultra-révolutionnaires afin de mieux discréditer le mouvement. Un exemple : c'est Hébert qui invente, lors du procès de Marie-Antoinette, de faire accuser cette dernière par son fils de pratiques sexuelles contre-nature. Accusation ignoble qui attira aux accusateurs la réplique de la reine : « J'en appelle à toutes les mères de France ! » La phrase bouleversa les féroces tricotteuses elles-mêmes. Marie-Antoinette faillit être sauvée. La manœuvre était-elle voulue ? Ou Hébert, après avoir tenté vainement de sauver la reine en la faisant ramener de la Conciergerie au Temple, a-t-il voulu se racheter, sentant peser sur lui la suspicion du Comité de salut public ? – Impossible à dire.

Il y a eu complot, mais complot des Cordeliers dont Hébert était l'un des orateurs mais non le chef, pour renverser le Comité de salut public. Ces Hébertistes étaient en effet puissants à l'inverse des Enragés, orateurs isolés, qui savaient surtout exploiter une manifestation spontanée née du mécontentement du petit peuple. Les Hébertistes s'appuyaient sur la Commune, le ministère de la Guerre et l'armée révolutionnaire. Leur influence était grande. Ce sont eux qui ont inspiré à Paris la politique de déchristianisation et exploité à leur tour le malaise social. Le Club des Cordeliers, animé par Vincent, Momoro et Ronsin a souhaité, semble-t-il, l'épreuve de force avec le Comité de salut public jugé trop modéré. Lors d'un débat aux Cordeliers, le 4 mars 1794, Hébert s'exclame, après avoir stigmatisé la modération de la Convention : « Quels sont les moyens de nous en délivrer ?

– L'insurrection. Oui, l'insurrection. Et les Cordeliers ne seront pas les derniers à donner le signal qui doit frapper à mort les oppresseurs. » Un orateur parla de la « Sainte insurrection ». « Un seul pas en arrière perdrait la République », écrivait Hébert dans le dernier numéro du *Père Duchesne*. Il était arrêté dans la nuit du 13 au 14 mars avec Ronsin et Momoro et amalgamé avec les agents de l'étranger comme le curieux Anacharsis Cloots, jugé et exécuté.

Il y avait un programme « cordelier », des sociétés populaires en province avec des comités centraux qui esquissèrent une tentative de réunion. Les Jacobins en ont pris ombrage. L'opposition était une opposition de recrutement. Les adhérents du Club des Cordeliers qui a survécu à la chute d'Hébert venaient des milieux populaires.

La disparition des Enragés ne supprime pas définitivement le « réflexe égalitaire ». Gracchus Babeuf exposa, le 30 novembre 1795, dans Le Manifeste des plébéiens *la communauté des biens et des travaux. – Le seul moyen de venir à une égalité de fait était d'établir une administration commune. Quelle fut l'influence des Babouvistes ? Comment s'exerça-t-elle ?*

Les Babouvistes ont eu un journal *Le Tribun du Peuple*, paru après la chute de Robespierre et dont le succès fut très vif, un programme, le retentissant *Manifeste des plébéiens* où Babeuf prône la propriété collective de la terre. Autour de Babeuf se sont réunis d'anciens révolutionnaires comme Amar, Ricord, Lindet..., des partisans de valeur qui iront de Drouet, l'homme de Varennes, à Sylvain Maréchal qui rédigea *Le Manifeste des Egaux* où il proclamait « la terre n'est à personne mais les fruits à tout le monde ».

Au départ Babeuf avait dénoncé les excès de la répression des Bleus dans l'Ouest *(Du système de la dépopulation)* et se sentait proche des Thermidoriens. C'est la misère grandissante du peuple qui l'a détourné de la réaction thermidorienne. Sa réflexion couvre de vastes lectures, de l'histoire romaine (à laquelle il emprunte son nouveau prénom de Gracchus en hommage à la politique sociale des Gracques) aux théories de l'abbé Mably, et, inspirée par son expérience de feudiste, le conduit à des conclusions proches de celles des Enragés. Le 6 novembre 1795, il écrit dans *Le Tribun du Peuple* : « Qu'est-ce qu'une révolution politique en général ? Qu'est-ce en particulier que la Révolution française ? Une guerre déclarée entre les patriciens et les plébéiens, entre les riches et les pauvres. »

Babeuf terminait son manifeste par un appel prophétique : « Peuple ! Réveille-toi à l'espérance. Epanouis-toi à la vue d'un futur avenir heureux ! » Le peuple était-il capable d'imposer « la Sainte Egalité » ?

Non, après l'échec des insurrections de Germinal et de Prairial, le faubourg Saint-Antoine avait été désarmé.

Beaucoup de meneurs avaient été arrêtés et même guillotinés au cours des différentes répressions. Le moral révolutionnaire était au plus bas. Les ouvriers n'avaient rien gagné à constituer le fer de lance des insurrections. Et d'ailleurs où était le bien ? Où était le mal ? On avait applaudi Mirabeau, Hébert, Danton, Robespierre, pour apprendre ensuite qu'ils étaient des ennemis de la Révolution. Un soulèvement populaire était désormais impossible. Babeuf ne l'ignorait pas. Restait la solution du coup d'Etat préparé par un groupe d'hommes déterminés et s'appuyant sur une force armée. Cette force fut trouvée.

Ce fut la légion de police qui venait d'être créée à Paris mais fort mal recrutée. Un plan fut mis au point mais comme dans toute conjuration, il y eut un traître qui révéla tout au Directoire. L'insurrection du camp de Grenelle tourna court et ses auteurs furent passés par les armes. Babeuf était condamné à mort le 26 mai 1797.

L'échec de la conjuration des Egaux marqua la fin – provisoire – de l'utopie égalitariste. Pensez-vous, à l'instar de Pierre Gaxotte, que ce parti fomentait « un complot d'opérette » ?

Les principaux responsables du complot étaient des amateurs. En face le Directoire, dominé par Barras, avait une grande expérience. Un ministère de la Police générale avait été créé. Avant Fouché, Cochon (qui ajoutera de Lapparent à son nom, quand les signes d'aristocratisme pourront faire leur réapparition sans danger) a conféré à ce ministère un certain relief. C'est lui qui a brisé, sans grand mal, la conjuration.

Buonarroti en a donné par la suite dans sa *Conspiration pour l'Egalité* une image idéalisée. Marx sera beaucoup plus sévère. Babeuf venait trop tôt. C'est la révolution industrielle qui va créer un prolétariat révolutionnaire.

Les propriétaires ont quand même eu peur. Mais qui sont ces propriétaires vers la fin du XVIIIe siècle ?

La Révolution a donné lieu à un énorme transfert de propriétés, le plus important de notre histoire. La nationalisation des biens du Clergé puis celles des biens d'émigrés, de moindre ampleur, ont créé une nouvelle catégorie de propriétaires : les acquéreurs de biens nationaux.

L'ennui est que l'on ne peut chiffrer avec précision ce transfert. Les documents existent : j'avais proposé d'affecter une partie des crédits considérables attribués en 1989 à la commémoration du Bicentenaire de la Révolution à une vaste enquête sur la vente des biens nationaux. On a préféré planter des Arbres de la Liberté qui ont depuis tous crevé, ou presque, et organiser des défilés folkloriques. – C'est dommage.

Foville relève l'apparition de 500 000 propriétaires nouveaux entre 1789 et 1816 (*Le Morcellement,* 1885). Chiffre peut-être excessif, mais l'ampleur du mouvement a été importante. La nationalisation des biens du Clergé visait à combler le déficit des finances de l'Etat. Ces biens mis à la disposition de la nation devaient être vendus et l'argent rentrerait dans les caisses publiques. Mais ce trésor n'était pas immédiatement disponible. Il était formé de forêts, de terres, de bâtiments et non de liquidités. C'est parce que les besoins de l'Etat étaient pressants et que l'on ne pouvait mettre sur le marché tous ces biens en même temps sous peine de dépréciation, que l'on a émis un papier, l'assignat, gagé sur ces biens et permettant d'anticiper les rentrées prévues.

Quelle était l'importance de ces biens ? Signalons que furent réservés ceux des fabriques, des fondations, des hôpitaux, des établissements d'enseignement. Le Clergé était un grand propriétaire urbain : il possédait des quartiers entiers. Sa fortune rurale représentait 10 % des superficies ; mais ses propriétés étaient d'inégale étendue et plus encore d'inégale valeur.

Les ventes se sont faites aux enchères. Rien n'a été prévu pour les pauvres, pas de « loi agraire », pas de morcellement à l'origine. Le texte fondamental est du 14 mai 1790 ; il classe les biens d'église en quatre catégories et fixe les évaluations pour la mise à prix (22 fois le revenu net, d'après les baux en usage pour une terre ou un bois, toutefois des estimations par des experts sont prévues pour les immeubles urbains). Ce qu'il faut surtout retenir, ce sont les longs délais accordés pour le paiement. La vente est au comptant jusqu'à 12 % pour les champs. Le surplus est prévu en douze annuités égales, avec un intérêt de 5 %. L'achat est dispensé du droit de mutation et soumis à un simple droit fixe peu élevé.

Ces délais de paiement ont transformé la vente en une opération extrêmement avantageuse. Car le remboursement s'est fait en assignats ; ceux-ci se dévaluant, l'acquéreur a remboursé en papier sans valeur.

Nul ne pouvait le prévoir, sauf quelques experts qui avaient annoncé d'emblée la dépréciation de l'assignat ou prévu la tentation des gouvernants d'en émettre plus que la valeur des biens nationaux les y autorisait.

Qui a acheté ces biens ? Qui sont donc ces nouveaux propriétaires enrichis par cette nationalisation ?

Il y a eu des spéculateurs, la fameuse « bande noire » qui enlève des enchères à bas prix par la menace : telle abbaye des environs de Périgueux est vendue 560 000 livres au lieu des 12 millions de l'évaluation.

Viennent ensuite des bourgeois, hommes de loi, négociants, architectes, entrepreneurs, qui flairent la bonne affaire, le placement sûr, ou flattent leur vanité à bon compte.

Notons que la Noblesse et le Clergé lui-même n'ont pas boudé ces ventes. Le comte de Valence par exemple n'hésite pas à se porter acquéreur du château de l'évêque du Mans. En Ile-de-France, toutefois, les acquéreurs sont en une écrasante majorité des bourgeois...

Les paysans devraient être les premiers intéressés, d'autant que l'abolition des droits féodaux les libèrent de certaines charges et que la fiscalité se fait plus juste. Impossible pour un journalier, sauf s'il s'agit d'un petit lot. En dehors de gros fermiers, de métayers aisés (il y en a), ce sont plutôt des représentants des catégories les plus élevées du monde rural : aubergistes, marchands, artisans, qui achètent. Citons la page fameuse d'*Eugénie Grandet* :

« Monsieur Grandet était en 1789 un maître-tonnelier fort à son aise, sachant lire, écrire et compter. Dès que la République française mit en vente dans l'arrondissement de Saumur les biens du clergé, le tonnelier, alors âgé de quarante ans, venait d'épouser la fille d'un riche marchand de planches.

« Grandet alla, muni de sa fortune liquide et de la dot, muni de deux mille louis d'or au district, où, moyennant deux cents doubles louis offerts par son beau-père au farouche républicain qui surveillait la vente des biens nationaux, il eut pour un morceau de pain, légalement, sinon légitimement, les plus beaux vignobles de l'arrondissement, une vieille abbaye et quelques métairies. »

Par la suite, Grandet se fait payer ses fournitures de vin aux armées de la République, non pas en assignats dévalués, mais « en superbes prairies dépendant d'une communauté de femmes que l'on avait réservée pour un dernier lot ». Voilà un artisan rural devenu sous le Consulat, le citoyen le plus imposé de l'arrondissement.

Les biens nationaux ont été un facteur puissant d'enrichissement. Leur succès s'explique par la fureur, la passion de posséder des terres, qui a toujours caractérisé la société française. Grâce à la Révolution, on devient propriétaire. Et ces nouveaux propriétaires ne pourront qu'être attachés à la Révolution. C'était le calcul secret des auteurs des nationalisations. Secret tout relatif car Mirabeau vendit la mèche à la Constituante. Tout acquéreur de bien national ne peut qu'être hostile à un retour à l'Ancien Régime qui remettrait en cause sa propriété. Il ne peut également qu'être hostile aux idées d'un Babeuf. C'est pourquoi les comportements sous la Révolution sont dictés par cet instinct de propriété. Un Saint-Just le comprend lorsqu'il fait voter les décrets de Ventôse distribuant gratuitement des terres aux indigents. Il faut atténuer les amertumes, s'attacher les paysans qui n'ont pu profiter de ces ventes. – De toute façon les décrets de Ventôse n'auront qu'une application limitée, la situation s'étant redressée. Retour donc au droit sacré des propriétaires.

Avec le retour à l'ordre sous le Consulat, que se passe-t-il ?

Bonaparte a été porté au pouvoir par les acquéreurs de biens nationaux. Je l'ai montré dans mon *Napoléon ou le Mythe du Sauveur.* Il est leur rempart. Ils lui sont donc reconnaissants de faire figurer en bonne place dans les négociations du Concordat la reconnaissance par le Pape de la vente des biens d'Eglise. Pour ceux des émigrés, il les garantit contre un retour des

Bourbons. Ce pacte n'est pas secret. Lorsque Napoléon est sacré Empereur, la cérémonie religieuse expédiée et le Pape s'étant retiré, l'Empereur assis, la couronne sur la tête, prononce un serment où il jure de maintenir notamment « l'égalité des droits, la liberté politique et civile et l'irrévocabilité des ventes des biens nationaux ».

A son tour, en 1814, Louis XVIII, pour pouvoir succéder à Napoléon, devra s'engager à ne pas revenir sur ces ventes. L'article 9 de la Charte stipule : « Toutes les propriétés sont inviolables, sans aucune exception de celles qu'on appelle "nationales", la loi ne mettant aucune différence entre elles. »

Le changement de propriété est donc irrévocable. Ce qui ne signifie pas que Napoléon ait eu une grande considération pour les acquéreurs de biens nationaux : pour entrer dans la noblesse d'Empire, il ne fait pas bon n'avoir qu'une fortune récente constituée de ce type de biens. Le Conseil du Sceau écarte ces importuns.

Napoléon, rempart des biens nationaux l'est aussi de la propriété en général ?

Le Code civil fait de la propriété un droit absolu et sacré. L'article 544 la définit ainsi : « La propriété est le droit de jouir et de disposer des choses de la manière la plus absolue pourvu qu'on n'en fasse pas un usage prohibé par les lois ou par les règlements. » Et l'article 545 de préciser : « Nul ne peut être contraint de céder sa propriété, si ce n'est pour cause d'utilité publique et moyennant une juste et préalable indemnité. »

La propriété c'est essentiellement la propriété de la terre. Elle seule assure considération et sécurité. Le Code civil reprend la législation révolutionnaire, c'est un code fait par et pour des propriétaires.

La concupiscence

Certains actes des révolutionnaires ne furent-ils pas une émanation de la philosophie épicurienne ?

On y trouve de tout. Saint-Just place la Révolution sous le signe du « bonheur », idée qui allait à l'encontre de l'enseignement chrétien d'une « vallée de larmes », et Robespierre exalte « la Vertu », seule limite pour lui à la Terreur. L'un et l'autre sont bien loin de la Déclaration des droits de l'homme de 1789, déclaration qui fut envoyée, on l'oublie trop, au « mouton national », comprenons au pilon, par la Convention. Si la pensée de Sieyès domine la fin du Directoire, on ne saurait faire de l'ancien abbé un chantre de la philosophie épicurienne. Ce qui est sûr, c'est que le Christianisme est très vite récusé.

Le désir effréné de consommation des biens terrestres n'entraîna-t-il pas la société vers une modification de la conception familiale ?

La famille était la cellule initiale de l'Ancien Régime. Il y avait ensuite la paroisse, la corporation, l'ordre. L'individu n'était pas libre mais constamment encadré dans toutes les époques de sa vie. Le mariage pouvait être imposé, comme l'entrée dans un couvent. C'est le ressort de nombreux romans et de multiples pièces de théâtre. Les bâtards étaient exclus de la cellule familiale.

En revanche, le fondement de la Révolution c'est l'individualisme, mais le pacte matrimonial n'est pas aboli pour autant. Il repose sur la libre volonté des époux. A partir de septembre 1792, le mariage n'est plus qu'un acte civil, constaté par un officier public. Débarrassé de tout aspect religieux, il ne constitue plus un lien indissoluble. Dès lors la famille dont il est le fondement se trouve fragilisée.

Cette famille s'ouvre. Le décret du 18 janvier 1792 réintroduit le principe de l'adoption. A l'origine un souci de bienfaisance et la volonté de « vivifier » la famille.

Il n'y a plus de bâtards, on parle désormais d'enfants naturels. La loi du 2 novembre 1793 les assimile aux enfants légitimes, excluant toutefois les adultérins et les incestueux. C'est l'égalité. Il faut néanmoins la reconnaissance paternelle pour faire valoir ses droits à la succession. Ce sera la source de nombreux procès, car la loi du 2 novembre 1793 était rétroactive jusqu'au 14 juillet 1789. Date modifiée par la suite.

Cette dissolution du mariage proclamée par la Législative consommait la rupture définitive avec la morale chrétienne. La naissance d'un individu « libre de toute entrave » retira tout fondement aux us et coutumes. Quelles en furent les conséquences ?

Relativisons cette notion de liberté. Elle ne concernait que la famille. Le divorce n'était que « le surveillant et le modérateur du mariage ». Au début, il fallait, en dehors du consentement mutuel, invoquer des motifs déterminés. L'évolution s'est faite dans un sens laxiste. Puis il y a eu réaction. Le décret du 17 septembre 1797 a renforcé l'aspect dissuasif de la procédure du divorce pour incompatibilité d'humeur. Le divorce ne peut être prononcé que six mois après la date du dernier des trois actes de non-conciliation. Je vous renvoie au beau travail de Dessertine, *Divorcer à Lyon sous la Révolution et l'Empire* qui donne des cas concrets.

Les Libertins eurent-ils une importance significative dans le déroulement du fait révolutionnaire ?

D'emblée, le début de la scène est occupé par Mirabeau que l'on peut qualifier sans problème de « libertin ». Il l'est par sa vie agitée, allant jusqu'à une liaison quasi incestueuse avec sa sœur, puis « enlevant » la jeune épouse du Président de la Cour des comptes de Dole, Sophie Monnier. Il l'est aussi par ses écrits publiés par Apollinaire en 1921 (ouvrage posthume) dans la collection *Les Maîtres de l'Amour* qu'il animait avec Fernand Fleuret. Le plus célèbre c'est l'*Erotika Biblion.* « C'est un monument d'impiété, écrit Apollinaire, le fruit des lectures de Mirabeau dans sa prison. Il y lisait avec curiosité et non sans plaisir des ouvrages d'érudition sacrée, d'exégèse biblique. Il composa à partir de là l'*Erotika Biblion*, recueil de gravelures où sont signalés les écarts de l'amour physique chez les différents peuples anciens et particulièrement chez les Juifs et dans lequel, du moins, l'originalité compense l'obscénité de la matière. La description des pratiques sexuelles que la morale réprouve y est très précise. » Tout n'est d'ailleurs pas immoral, puisqu'on y voit condamné, conformément à l'esprit du temps, l'onanisme. Apollinaire a réuni dans son recueil d'autres écrits dont *La Conversion ou le Libertin de qualité*, *Hic et Hec ou l'Art de varier les plaisirs de l'amour, Le Rideau levé sur l'éducation de Laure.*

Mirabeau a connu les procès, le fort de Vincennes, les lettres de cachet qu'il a dénoncées dans un pamphlet qui eut un grand retentissement. Il est le libertin révolutionnaire par excellence.

L'autre serait Louvet, un peu oublié aujourd'hui, mais dont le roman, *Les Amours du chevalier Faublas*, paru en 1787, a été repris dans la bibliothèque de La Pléiade. Le livre fit scandale à l'époque, mais il nous paraît bien fade et ennuyeux. En 1791, Louvet en publia un second : *Emilie de Varmont ou le Divorce nécessaire et les amours du curé Sevin*, éloge du mariage des prêtres. La vie de Louvet était celle d'un parfait libertin : il avait enlevé la femme du joaillier Cholet et s'affichait avec elle à Nemours. Il fut élu par le Loiret à la Convention et siégea dans les rangs de la Gironde. C'est lui qui lança contre Robespierre la terrible attaque du 29 octobre 1792 : « Je t'accuse Robespierre... » Il échappa de peu à la guillotine et finit membre de l'Institut.

Autre figure de libertin révolutionnaire, Fabre d'Eglantine. Ce libelliste, comédien, peintre et poète (mais il n'eut pas l'églantine d'or aux Jeux Floraux de Toulouse) avait mené une vie scandaleuse avant son élection à la Convention... Il n'en avait pas moins une jolie plume. *Il pleut bergère* est un chef-d'œuvre libertin : que croyez-vous que font les bergères dans la grange quand il pleut ? Et on doit à Fabre une pièce très réussie : *Le Philinte de Molière.*

Comment ne se serait-il pas entendu avec Danton, moins fin, moins artiste que lui, mais tout aussi corrompu ? Il a entraîné le tribun dans l'affaire de la Compagnie des Indes, où Fabre avait touché de l'argent. Les bergères coûtent cher. Pour sa défense, il se contenta de dire : « Je vis au jour la journée, je vis en poète. »

En même temps que lui mourut un autre libertin qui siégea à la Convention comme Fabre, Hérault de Séchelles. Mais Hérault était d'une autre pointure : très beau, intelligent, riche, occupant de hautes fonctions au parlement de Paris, il résumait sa philosophie en une phrase : « Je veux vivre en un jour pour dix années. » On lui doit de nombreux écrits qui ont été récemment réédités ; dont une curieuse *Théorie de l'Ambition.* Rien de très libertin dans ces écrits, mais une vie orageuse et de nombreuses maîtresses. Au moment d'être guillotiné, il s'était, selon une légende qui se situe dans la grande tradition du libertinage, entendu avec sa dernière conquête qui loua une chambre dans l'axe de la guillotine. Elle agita un mouchoir et se pencha en avant, découvrant des charmes certains, au moment où Hérault avait la tête dans la fatale lunette et ce voluptueux emporta dans la mort cette vision ravissante.

Il faut passer aux hommes de l'ombre avec le mystérieux Choderlos de Laclos. L'auteur du chef-d'œuvre du roman libertin, *Les Liaisons dangereuses*, fut l'homme de confiance, le conseiller écouté, l'âme damnée, serait-on tenté de dire, du duc d'Orléans.

Il a travaillé pour lui, au moment des élections aux Etats généraux, rédigeant ses fameuses « Instructions » pour la rédaction des cahiers de doléances. Il intrigue au moment de la fuite de Louis XVI pour faire substituer le duc d'Orléans au Roi. A-t-il joué un rôle décisif dans la victoire de Valmy ? Il serait à l'origine du plan de Dumouriez. Arrêté par la suite avec d'autres membres du clan orléaniste, il échappa de peu à la guillotine.

On pourrait faire figurer Barras parmi ces libertins, mais il n'a rien écrit qui puisse le rattacher à ce courant. Il le fut simplement dans sa vie. Mais quelle vie !

Faut-il exagérer le libertinage de ces révolutionnaires. Certains étaient sincèrement épris de leurs épouses. Il y a dans la vie de Danton un épisode extraordinaire. Il avait épousé Gabielle Charpentier dont le père tenait un café. Elle mourut alors qu'il était en mission en Belgique. A son retour, il n'hésita pas à faire exhumer le cadavre de son épouse pour l'embrasser une ultime fois et faire mouler son buste par le sculpteur sourd et muet Deseine. N'est-ce pas l'amour fou cher aux surréalistes ? Il est vrai qu'il devait se remarier avec une fille de seize ans. Mais au moment d'être guillotiné, c'est à elle qu'il pense.

Parfois le comportement est moins brillant. – Membre du Comité de sûreté générale, Osselin s'emploie à sauver une émigrée dont il était tombé amoureux. Mais il la vend ensuite en échange de sa tête. Il n'en sera pas moins impliqué dans le complot des prisons et guillotiné.

Cette volonté d'accéder le plus rapidement possible aux plaisirs de l'existence contrastait avec la multiplication des révoltes du pain. – Ce paradoxe ne précipita-t-il pas les événements ?

Le train de vie des députés faisait contraste avec la misère du peuple. Déjà le mécontentement populaire apparaît dans les pétitions des Enragés présentées à la Convention. Du moins un Robespierre s'opposait-il aux Chabot, Basire et autres Fabre d'Eglantine. Sa vie chez les Duplay au 366, rue Saint-Honoré était irréprochable. L'aînée des enfants Duplay, Eléonore, était amoureuse de Maximilien mais sut transcender son amour. Elle fut d'ailleurs emprisonnée à la chute de l'Incorruptible et sortit tardivement de prison. On ne sait pourquoi elle est toujours représentée comme une affreuse mégère. Il en va de même de la sœur des Robespierre, Charlotte, mais dans son cas, son esprit possessif de vieille fille (elle aurait été courtisée par Fouché !) la rendit odieuse à tous, y compris aux Duplay. C'est elle qui entretint l'hagiographie robespierriste puisqu'elle ne mourut qu'en 1840. Mais en contraste avec le train de vie du clan des Robespierre, celui de certains députés suscitait l'indignation.

L'hiver de 1794-1795 fut particulièrement dur. La suppression du maximum avait provoqué l'effondrement de l'assignat et la flambée des prix. Les marchés étaient vides. Le charbon et le bois manquaient. Ils arrivaient par la Seine mais celle-ci était gelée. La ration de pain tomba à une demi-livre puis au quart de livre. Les suicides furent alors nombreux. Citons un rapport de police du début du printemps : « La distribution du pain se fait toujours mal. Une femme à la vue de son mari exalté (fou) et de ses quatre enfants sans pain depuis deux jours, s'est traînée dans le ruisseau en se cognant la tête et en s'arrachant les cheveux ; puis elle s'est relevée furieuse comme pour aller se jeter à l'eau. » L'indignation contre les députés « bien nourris » grandit alors. On les surnomme « les pourris ». Le discrédit de la fonction parlementaire commence là et explique les insurrections désespérées de Germinal et de Prairial.

L'époque thermidorienne et le Directoire ne réunissaient-ils pas toutes les conditions à l'établissement d'un climat de luxure et de débauche ?

Rappelons-nous l'article 4 de la Déclaration des devoirs qui précédait la Constitution de 1795 : « Nul n'est bon citoyen, s'il n'est bon fils, bon père, bon frère, bon ami, bon époux. » Même si la fidélité conjugale ne vient qu'en dernier lieu dans cette déclaration qui annonce par son conformisme bourgeois M. Prudhomme, elle figure dans les vertus du citoyen.

Cambacérès, qui fut l'un des rédacteurs, ne dut guère être embarrassé par l'obligation d'être bon père ou bon époux. On ne sait si c'est lui qui fit ajouter « bon ami ».

Il n'en reste pas moins que les années 1795-1799 ont mauvaise presse sur le plan de la morale. Les Goncourt, dans leur tableau de la société du Directoire, y sont pour beaucoup. Les correspondants étrangers de l'époque ont joué leur rôle dans cette légende noire. Le 13 décembre 1795 Mallet du Pan écrit à Vienne : « Paris est tombé en défaillance. – Nul pinceau ne peut rendre le tableau de cette capitale où le pain ne se distribue que tous les deux jours, où chacun voit périr entre ses mains le signe représentatif de sa richesse, où la livre de chandelle coûte 200 francs, où la population se divise en dupes et fripons qui se volent eux-mêmes dans les poches pendant que le gouvernement s'occupe à son tour de les voler. Une licence affreuse, plus de devoirs, de morale, d'honneur, de sentiments, de respect humain. – La peinture que la Sainte Bible nous fait des débordements de Sodome n'approchait pas celle de cette ville prostituée à tous les vices. »

Ministre des Relations extérieures, Talleyrand, outre une vie peu édifiante, vend ses audiences contre des « douceurs », à la grande indignation d'une délégation venue des Etats-Unis qui provoquera la fameuse affaire « X Y Z. » (signes sous lesquels on désigna les intermédiaires du peu délicat ministre).

Qui n'a rêvé aux tenues fort transparentes de Madame Tallien. Un des biographes de Madame Hamelin affirme que ce fut « la merveilleuse peut-être la moins vêtue d'entre ces nudités qui se trémoussèrent chez Barras ».

On la blâmait, on l'outrageait même, elle n'en retroussait que davantage les pans de sa tunique athénienne. Cette favorite des mirliflores se mérita bientôt un fâcheux renom. Galante, intrigante, grommelaient les moralistes, et les plaisantins disaient : « le premier polisson de France ». Elle eut notamment pour amant le confident de Talleyrand, le beau Montrond surnommé : « le petit Jésus de l'enfer ».

Ce fut surtout, au-delà du « bal des victimes » et de la goinfrerie de la clientèle des nouveaux restaurants dont l'opulence contrastait avec la famine ambiante, l'explosion de la pornographie littéraire.

En 1795, Sade publie *La Philosophie dans le boudoir*. Singulière philosophie que celle qu'entend inculquer à la jeune et ingénue Eugénie de Mistival, Madame de Saint-Ange, assistée de son frère et du libertin Dolmancé. Elle explique à son frère : « Dolmancé et moi nous placerons dans cette jolie petite tête tous les principes du libertinage le plus effréné, nous l'embraserons de tous nos feux, nous l'alimenterons de notre philosophie, nous lui inspirerons nos désirs, et comme je veux joindre un peu de pratique à la théorie, j'ai destiné mon frère à la moisson des myrtes de Cythère et Dolmancé à celle des roses de Sodome. J'aurai deux plaisirs à la fois, celui de jouir moi-même de ces voluptés criminelles et celui d'en donner des leçons, d'en inspirer les goûts à l'aimable innocence que j'attire dans nos filets. »

En 1797, Sade donne une nouvelle version, beaucoup plus libre, de sa *Justine* que pourfend un autre libertin, grand amateur de prostituées et fétichiste du pied, Restif de la Bretonne, sorte d'Ademaï (d'avant le personnage) du sexe. Il écrit une *Anti-Justine* qui va encore plus loin que celle de Sade : « Mon but, dit-il, est de faire un livre plus savoureux que le sien et que les épouses pourront faire lire à leurs maris pour en être mieux servies. »

Nouvelle surenchère dans l'audace, Sade donne une sœur à Justine, ce sera Juliette aussi perverse que Justine est innocente et le roman s'intitule : *Juliette ou les Prospérités du vice*. Entre un crime et une messe noire célébrée sur son ventre par le pape Pie VI, Juliette trouve le temps d'écouter des leçons de philosophie de son amant, Saint-Fond : « Laisse dire aux gens froids qu'il faut que l'honnêteté et la pudeur accompagnent les plaisirs de la jouissance. Il ne les connaîtra jamais. Ces espèces de plaisirs ne peuvent être délicieux qu'autant qu'on franchit tout quand on les goûte ; la preuve en est, qu'ils ne commencent à devenir tels que par la rupture d'un certain frein ; qu'on en brise un de plus, l'incitation deviendra plus violente et nécessairement ainsi, de gradation en gradation, on ne parviendra réellement au véritable but de ces espèces de plaisirs, qu'en portant l'égarement des sens jusqu'aux dernières bornes des facultés de notre être, en telle sorte que l'irritation de nos nerfs éprouve un degré de violence si prodigieux qu'ils en soient comme renversés, comme crispés dans toute leur étendue.

« Celui qui veut connaître toute la force, la magie des plaisirs de la lubricité, doit bien se convaincre que ce n'est qu'en recevant ou produisant sur le système nerveux le plus grand ébranlement possible qu'il réussira à se procurer une ivresse telle qu'il la lui faut pour bien jouir ; car le plaisir n'est que le choc des atomes voluptueux ou émanés d'objets voluptueux, embrasant les particules électriques qui circulent dans la concavité de nos nerfs. »

Un exemple : Saint-Fond s'adonne à l'orgie et à la goinfrerie tandis qu'aux portes de son palais, le peuple meurt de faim.

En restaurant l'autorité du politique, Bonaparte ne force-t-il pas la nature humaine à contrôler ses élans, à se discipliner ?

Le Consulat marque un retour à l'ordre moral. On a beaucoup parlé de Robespierre, chantre de la vertu, Bonaparte fut son parfait disciple dans ce domaine. Lui-même avait été déniaisé au Palais-Royal par une jeune prostituée et il a consigné la rencontre dans un texte fort libertin. Il prétend avoir eu le pucelage de Désirée Clary et son affirmation n'a pas dû faire plaisir à Bernadotte. Enfin il aurait séduit la jeune et jolie Madame Turreau de Linières (rien à voir avec son cousin, l'inventeur des Colonnes Infernales), épouse d'un député de l'Yonne. Il faut voir avec quelle aisance il raconte cette aventure galante à Las Cases.

Une fois au pouvoir, Bonaparte, sans changer (il aura encore de nombreuses maîtresses dont il n'est pas facile de donner une liste exhaustive), impose un puritanisme que partagerait presque Joséphine qui s'achète une conduite après 1804.

Parmi les effets de cette censure : l'enfermement de Sade à Charenton. Après avoir jeté au feu sa *Justine* (sans doute la troisième version) Bonaparte ordonne l'internement de Sade. C'est la préfecture de police qui exécute, sous le contrôle d'un agent, Boucheseiche, qui ne cache pas sa satisfaction, l'arrestation du « divin marquis ». Il mourra à Charenton où il fit représenter, jouées par les fous, quelques pièces anodines mais qui attiraient un parquet de privilégiés.

On a prétendu que Sade avait été enfermé à Charenton pour avoir écrit un pamphlet hostile à Bonaparte (il y est désigné sous l'anagramme d'Orsec, le Corse), *Zoloé et ses acolytes.* Mais il a été prouvé que Sade n'en était pas l'auteur, pas plus que de *La France foutue, tragédie lubrique et royaliste.* Bonaparte a ordonné son arrestation pour des raisons de moralité publique. La censure a été très dure sous le Consulat et l'Empire : sont visés les journaux et les livres politiques, mais aussi les livres immoraux. Des *Aphrodites* de Nerciat aux contrefaçons de la *Justine* de Sade, aucun ouvrage n'est épargné. Exemple d'une note de la censure : « Roman intitulé : *Sara ou le Danger des passions.* C'est le récit d'une anecdote affreuse et d'un crime épouvantable. On aimerait à penser que l'auteur n'a pas eu, comme il l'assure, l'exemple sous ses yeux. Une jeune personne égarée par l'amour, tente trois fois d'empoisonner un cousin aimable. »

Laclos, réintégré dans l'armée meurt opportunément ; le pauvre Restif n'aura pas droit à l'Institut, à l'inverse de Mercier, l'auteur du *Tableau de Paris.* Mais il y a un libertin qui figure dans l'entourage du premier consul, puis de l'Empereur, c'est Vivant Denon, le charmant auteur de *Point de lendemain.* Si lui-même prend quelques libertés avec la morale (sa liaison avec Marie Walewska), Napoléon entend moraliser sa Cour. Berthier, désespéré, doit épouser Elisabeth de Bavière-Birkenfeld, mais il brave l'interdit en continuant à fréquenter la Visconti dans un singulier ménage à trois. Talleyrand, malgré ses réticences, est invité à se séparer de la célèbre Madame Grand qu'il avait épousée. – Pauline (avec laquelle, on prêtera, sans preuves, à Napoléon une liaison incestueuse) est rappelée à l'ordre lors de son séjour à Rome : « Dites-lui de ma part, écrit Napoléon à son oncle Fesch, que déjà elle n'est plus belle, qu'elle le sera beaucoup moins dans quelques années, que toute sa vie, elle doit rester bonne et estimée. » Conseil inutile, puisqu'elle posera nue pour Canova. Et si celui-ci ne l'a pas embellie, il faut reconnaître que Napoléon se trompait lourdement en pensant fanés les charmes de la « Vénus impériale. »

La haine de l'Empereur va surtout aux homosexuels. Il plaisante Cambacérès que faisait probablement chanter le préfet de police. Ce qui n'empêche pas Fiévée, pédéraste notoire, d'affirmer : « Quand on a un vice, il faut savoir le porter. » Napoléon tolère plus facilement à l'armée l'homosexualité (succédané pour une société sans femmes, sauf quelques vivandières) que le viol. Lecourbe est écarté pour une affaire de ce genre.

Cette homosexualité gagne le clergé et fait scandale. Auclans, prêtre de Saint-Etienne, est assassiné par deux jeunes gens « présumés avoir eu des relations avec lui ».

Seul l'amour conjugal doit être permis. Napoléon se méfie des bâtards, même s'il éprouve une curieuse attirance pour Narbonne, réputé fils naturel de Louis XV. La cohésion de la famille ébranlée par la législation révolutionnaire est restaurée par le Code civil. Les enfants ont besoin, jusqu'à vingt-cinq ans, de l'autorisation des parents pour se marier. – La famille rétablie est la famille légitime. Les enfants naturels ne jouissent d'aucun droit et ne peuvent plus se faire reconnaître, sauf reconnaissance volontaire. « Il faut tracer entre les enfants légitimes et les enfants naturels une ligne de séparation parfaite. »

Mais le comte Léon, – Walewski ?

Napoléon les reconnaît tardivement. Il avait dû auparavant songer à adopter le fils aîné de Louis et Hortense et eut beaucoup de chagrin à sa mort. Mais pour lui, l'adoption ne doit être « accordée que comme consolation à l'adoptant, qui doit être sans enfants et avoir passé l'âge de cinquante ans ». Le divorce enfin est maintenu. Napoléon songe de plus en plus à se séparer de Joséphine. Les rédacteurs du Code civil s'inclinent, Portalis en tête, mais imposent une réglementation sévère des causes du divorce. Pour les catholiques auxquels leur religion interdisait le divorce, on crée la séparation de corps.

Le retour à l'ordre moral touche également les toilettes. Les nymphes du Directoire disparaissent au profit de belles dames vêtues de soie mais un peu guindées. Les amies de Joséphine sont chassées. Juliette Récamier est tenue à l'écart. Elle est d'ailleurs supplantée par Laure de Bonneuil, épouse de Regnaud de Saint-Jean d'Angély, et que peint Gérard. Elle paraît avoir été encore plus belle que Madame Récamier et tint un salon influent sur le plan littéraire. Fut-elle légère comme l'en accuse Fouché dans ses bulletins à l'Empereur ? Une estampe représenta la belle Laure avec cette légende : « Laura qui voudra. »

Mais le temps des Libertins est révolu : leur cynisme est condamné. Impossible d'extirper le sexe, la concupiscence, la liberté des mœurs, mais tout doit se passer dans la discrétion et dans l'ombre. Commence le règne d'une hypocrisie bourgeoise qui, après avoir frappé Sade, va poursuivre en justice Baudelaire et Flaubert.

La foi

Dès les premiers mois de la Constituante, des initiatives ont été prises contre l'Eglise catholique. – Quelles furent les raisons de ces mesures ? Etaient-elles d'ordre philosophique ou économique ?

Il est vrai que la Constituante a eu d'emblée une attitude agressive à l'égard du Catholicisme. Cela est d'autant plus surprenant que le quart des membres de l'assemblée appartenait au Clergé et que dans leur écrasante majorité les députés étaient catholiques.

Pourtant, lors de la fameuse nuit du 4 août 1789, les dîmes sont supprimées sans possibilité de rachat comme pour les droits féodaux. – « Les dîmes ne sont pas une propriété ou un droit, mais une simple jouissance. A quoi bon parler de rachat ? » tranche Mirabeau. Et l'Eglise s'incline. Il y a une belle déclaration de l'archevêque de Paris le 11 août : « Nous remettons toutes les dîmes ecclésiastiques entre les mains d'une nation juste et généreuse. Que l'Evangile soit annoncé, que le culte divin soit célébré avec décence et dignité ; que les églises soient pourvues de pasteurs vertueux et zélés, que les pauvres soient secourus, voilà la destination de nos dîmes. – Nous nous confions dans l'Assemblée Nationale pour nous permettre de remplir dignement des objets aussi respectables et aussi sacrés. »

C'était imprudent. Ce sacrifice des dîmes en préparait d'autres. L'assemblée avait été convoquée sous la forme des Etats généraux pour résoudre le déficit des finances royales. C'est Talleyrand, ancien agent général du Clergé qui indique la solution (c'est sa première trahison) : nationaliser les biens du Clergé dont il a évalué le montant au chiffre du déficit. Le 2 novembre 1789, la Constituante en vote le principe à une forte majorité sous promesse d'un traitement pour les évêques et les prêtres qui pourront continuer leur activité. Mais les réguliers ? On les juge inutiles et contraires à l'esprit des droits de l'homme. L'opinion avait été préparée à leur suppression, des *Contes* de La Fontaine à *La Religieuse* de Diderot : les ordres religieux sont victimes de l'ostracisme de la Constituante, le 13 février 1790, surtout les ordres contemplatifs. On prend donc leurs biens sans indemnisation.

Rappelons la simple référence dans la Déclaration des Droits de l'homme aux « auspices de l'Etre suprême » et le refus d'une déclaration des devoirs, l'élimination du « Catholicisme, religion d'Etat » proposée par Dom Gerle ; on passe vite de simples réformes réclamées par les cahiers de doléances à une franche hostilité, à un travail de sape. Certains en prennent conscience. Ne retenons que deux déclarations de prêtres lucides. C'est Barbotin qui note l'existence « d'une cabale qui entraîne toute l'assemblée et paraît avoir juré la perte du clergé » ; un peu plus tard Mgr de La Fare déclare aux députés : « Je suis loin de croire que vous vouliez entreprendre de détruire la religion, mais il faut convenir que tout ce que vous avez fait jusqu'ici serait bien propre à assurer le succès d'une pareille tentative. »

Tout se tend avec le vote de la Constitution civile du clergé. Vote logique. En versant un traitement pour les indemniser de la perte des biens de l'Eglise, aux évêques et aux curés, la Constituante en faisait des fonctionnaires. Il était donc normal de leur donner un statut. Ce fut la Constitution civile du clergé, et il faut insister sur le mot « civile ». Les Constituants n'entendaient pas toucher au dogme, ils ne considéraient le Clergé que sous l'angle du citoyen. Mais ils ont commis deux erreurs. La première, c'est de ne pas négocier ce statut avec le Pape. Vieux réflexe gallican mais qui ne pouvait qu'irriter inutilement Rome.

L'autre erreur fut de soumettre les prêtres au système de l'élection comme pour les administrateurs de département, les juges ou les agents du fisc. Confier l'élection d'un évêque aux citoyens actifs sans souci de leurs convictions religieuses, c'était nier la dimension spirituelle de cet évêque et remettre son sort parfois aux mains de protestants, de juifs ou d'athées... L'Eglise pouvait-elle l'admettre ?

Y ajouter un serment de fidélité à la Constitution ne pouvait qu'aggraver la situation.

La condamnation – tardive – par Pie VI de ce statut entraîna la division du Clergé entre ceux qui pensaient encore qu'il était possible de composer avec la Révolution et ceux qui la condamnaient énergiquement et repoussaient tout serment. Il y eut les jureurs et les réfractaires.

Peut-on parler en ce domaine de complot ? Il n'y a pas de preuves. La franc-maçonnerie était bien représentée à la Constituante mais pas au point de pouvoir manipuler aussi facilement une majorité de députés. Il y eut plutôt engrenage, lâcheté, tentation pour les curés, en grand nombre sur les bancs de la Constituante, d'améliorer par un traitement plus généreux, leur modeste portion congrue.

En tout cas avec la Constitution civile du clergé, l'Eglise se trouvait plongée dans une crise grave, la plus sérieuse de son histoire depuis les guerres de Religion. Pouvons-nous dès lors parler de l'existence de deux France ?

Incontestablement, et une division qui ne se fait pas sur un dogme mais sur un statut civil. Les curés qui ont refusé de prêter le serment ont été destitués ; des élections ont eu lieu pour les remplacer. Un nouveau curé est arrivé, le curé « légal », mais est-ce celui qui permettra aux paroissiens de faire leur salut ? N'est-ce pas plutôt l'ancien ? Les fidèles se divisent, en viennent aux mains. Des scènes cocasses ont lieu. On enferme par exemple un chat dans le tabernacle et l'animal saute au visage du curé intrus quand il l'ouvre, tandis que ses adversaires crient que c'est Belzébuth qui vient de reconnaître son adorateur. On pousse des « cocoricos » au passage d'un autre, allusion au reniement de saint Pierre au chant du coq. Les vieilles fidèles de l'ancien prêtre sont empoignées par les « patriotes », troussées et fessées publiquement. Ce sont les premières martyres de la foi. Par la suite la persécution se fera moins douce.

La politique s'en mêle. – La Contre-Révolution soutient le réfractaire, les patriotes le jureur. Même si aucun des deux n'a demandé un tel soutien. Le problème de la foi est vite perdu de vue.

Dans un climat de guerre, où les passions se déchaînent, les prêtres réfractaires devinrent des suspects à combattre. Les effets furent-ils à la hauteur des espérances ?

Non. Ce qu'il y a d'étonnant, c'est la force de la foi chez les non-jureurs. – Pas chez ceux qui émigrèrent, mais chez ceux qui restèrent sur le terrain. Il y eut aussi une foi réelle chez les jureurs. Grégoire refusa d'abandonner son habit ecclésiastique. En dépit d'un langage souvent outré, il était très certainement sincère. Louis XVI meurt en roi très chrétien ; Marie-Antoinette, la souveraine frivole de Versailles, est par la suite édifiante de piété. Ne parlons pas de Madame Elisabeth. On a publié un excellent recueil des dernières lettres des condamnés à mort du Tribunal révolutionnaire. Une forte majorité traduit des sentiments chrétiens.

Une atmosphère de suspicion s'abat sur le clergé. – Les Conventionnels profitèrent-ils de l'occasion pour accélérer le processus de la déchristianisation ?

Le déclenchement se situe avant, avec les massacres de septembre 1792. Pourquoi une telle horreur ? Restif de la Bretonne, témoin de ces atrocités, vend peut-être la mèche : « Quel fut donc le véritable et premier motif de cette boucherie ? Plusieurs personnes pensent que c'était effectivement pour que les volontaires, en partant pour les frontières, ne laissassent pas leurs femmes et leurs enfants à la merci des brigands que les tribunaux pourraient renvoyer absous, que des malveillants pouvaient faire évader, etc. J'ai voulu savoir la vérité et je l'ai peut-être enfin trouvée. On ne voulait qu'une chose : se débarrasser des prêtres réfractaires. – Quelques-uns même voulaient se défaire de tous. Or, on sentit qu'il y avait encore du fanatisme et qu'un acte pareil, dirigé contre les prêtres nommément, et contre eux seuls, révolteraient certaines gens. La déportation, loin de remplir son but, ne faisait que mettre les prêtres dans le cas d'une émigration plus dangereuse peut-être que leur séjour. Qu'en fallait-il faire ? Les anéantir. Si on l'avait pu autrement qu'en les tuant, on ne les aurait pas tués. – On les tua donc. Et pour étourdir sur cette exécution illégale, on arrangea l'affaire des prisons. »

D'où Restif tenait-il ses informations ? Son texte est en tout cas très intéressant car il éclaire bien le processus de la déchristianisation.

Quelles furent les formes que prit la lutte contre le catholicisme ?

Ne réduisons pas la déchristianisation à une lutte contre le seul catholicisme. Les protestants ont été également visés et les loges civiles ont été aussi emportées dans la tourmente. Reste que c'est le catholicisme qui a fourni l'essentiel des victimes.

On a commencé par instituer, le 20 septembre, l'état civil substitué aux registres paroissiaux tenus par les prêtres. Désormais, ce sont les municipalités qui enregistrent les naissances et les décès. – C'est une étape décisive dans la laïcisation de la société.

On s'en prend ensuite aux prêtres. – Oh, très subtilement d'abord, en cherchant à leur imposer le mariage. Le député Bézard (je n'invente pas son nom) vante les joies du mariage pour les prêtres. Et il ajoute : « Quand ceux-ci auront des femmes, le confessionnal ne servira plus qu'à faire une guérite. » Bien sûr, il y a des résistances, mais le 19 juillet 1793, la Convention décide que les évêques qui s'opposeront au mariage des prêtres seront destitués. C'était la voie ouverte aux sévices physiques.

Le culte est ensuite supprimé. Le calendrier révolutionnaire remplace le dimanche par le décadi ; les églises sont dépouillées ou plus exactement pillées ; les manifestations extérieures notamment les processions sont interdites ; Fouché, représentant en mission dans la Nièvre, fait inscrire à l'entrée des cimetières : « La mort est un sommeil éternel. » Finalement, à Paris, et dans de nombreuses villes, les églises sont fermées.

On ne pouvait tuer tous les prêtres. On eut le souci de les « déprêtriser » et de les déshonorer : ce sont les abdications. Elles ne supposent pas l'abjuration. Mais certains représentants en mission l'imposèrent à l'exemple d'Albitte ou de Le Carpentier. Beaucoup de prêtres cédèrent, tous parmi les « constitutionnels », sans qu'il soit possible d'avancer un chiffre précis. Faiblesse ? Simple opportunisme ?

Parmi les martyrs, il y eut aussi beaucoup de simples fidèles. Ils avaient assisté à des messes clandestines ou aidé des réfractaires à se cacher. Fusillade ou guillotine : tel est le sort de femmes « invinciblement fanatisées ». Leur courage doit être salué.

De tous ces martyrs de la foi, ce sont les Carmélites de Compiègne, popularisées par le théâtre et le cinéma, qui sont les plus connues.

Le vandalisme fut-il prémédité sur le plan religieux ? Peut-on parler d'une volonté cohérente de destruction ?

Le vandalisme revêt deux aspects.

D'un côté, il y a pillage systématique des trésors des églises pour financer la guerre. On envoie au « creuset national » un « métal mal employé ». Le prétexte de « la patrie en danger » peut expliquer, sinon tout à fait justifier, la disparition d'objets d'orfèvrerie, statues, bijoux, etc.

De l'autre, se manifeste une volonté de détruire pour le plaisir de détruire. Le cas des statues des rois de l'Ancien Testament sur la façade de Notre-Dame de Paris est célèbre.

Le Conseil général de la Commune les prit pour celles des rois de France et ordonna la destruction de ces « gothiques simulacres ». C'est l'entrepreneur Varin qui obtint le marché et les fit démolir. Toutefois, le frère de Lakanal, royaliste convaincu, sauva les têtes des statues et les enterra. On les retrouva en 1977 dans la cour de l'hôtel Moreau, 20, rue de la Chaussée-d'Antin et elles furent identifiées par M. Michel Fleury.

Les cultes laïques s'expliquent par une volonté de supprimer toute forme de catholicisme. Comment fut organisé le culte de « la Raison » ? Quel a été son avenir ?

Le culte de la Raison est parti de Paris, le 10 novembre 1793. De Notre-Dame, de façon précise, où fut installée une montagne surmontée d'un temple. Dans ce temple, une danseuse de l'Opéra, qualifiée de « chef-d'œuvre de la nature ». Cette danseuse incarnait la Raison. Elle fut chantée par les chœurs de l'Opéra sur des paroles de Marie-Joseph Chénier, musique de Gossec :

« Descends, ô Liberté, fille de la Nature !
Un peuple a reconquis son pouvoir immortel !
Sur les pompeux débris de l'antique imposture
Les mains relèvent ton autel. »

C'est la Commune de Paris, aux mains des Hébertistes, et particulièrement son procureur, Chaumette, qui patronnèrent cette cérémonie.

De Paris, le culte gagna la province. Partout on s'efforça de transformer les églises en temples de la Raison. – La diffusion fut inégale et sans grands effets. Il est difficile de parler d'un culte au sens propre. Il y a bien une déesse, mais, incarnée en une jeune femme, il est difficile de lui rendre un culte : on serait plutôt porté vers une autre forme d'hommage. Il n'y a pas de cérémonies avec rituels, mais des mascarades improvisées. « Mascarade », c'est le mot que l'on emploie à la Convention, pour qualifier le culte de la Raison. Ni le marais, ni Danton, ni surtout Robespierre n'apprécient ce culte.

Et il est vrai que Robespierre tenta de mettre fin à l'athéisme ambiant. Pour cela, il imposa un nouveau culte, celui de l'Etre suprême. Ce déisme pouvait-il triompher ?

Robespierre avait compris le danger pour la Révolution. Il considérait que l'athéisme des Hébertistes et des représentants en mission qui s'étaient alignés sur eux, dont Fouché à Nevers, conduisait la Révolution à sa perte. Sans morale, pas de société, et la société française de l'époque était trop imprégnée de christianisme pour exalter sans périls la Raison. La Contre-Révolution tirait avantage des persécutions religieuses. En définitive, les Hébertistes n'étaient-ils pas des provocateurs ? Robespierre les fit éliminer en s'appuyant sur Danton. Mais l'immoralisme de Danton et de ses amis choquait tout autant Robespierre. – A leur tour, les Indulgents furent envoyés à l'échafaud. Les mains libres, Robespierre prononça alors le 7 mai 1794, un grand discours où il affirmait : « L'idée de l'Etre suprême est sociale et républicaine. » Robespierre était si ancré dans ses convictions qu'il en perdait tout sens du ridicule. Il fit voter par décret que « le peuple français reconnaît l'existence de l'Etre suprême et l'immortalité de l'âme ». Comme si la foi pouvait s'imposer par une loi ! Des fêtes étaient prévues pour « rappeler l'homme à la pensée de la Divinité ». Ces fêtes étaient dédiées à des principes comme la liberté ou à des vertus comme l'amitié ou la fidélité conjugale (cette dernière ne pouvait guère embarrasser Robespierre !). La première de ces fêtes fut donnée en l'honneur de l'Etre suprême, le 8 juin 1794, aux Tuileries, puis au Champ-de-Mars. Toute la Convention y assistait. Ce fut ridicule à souhait.

On chanta :

« Père de l'Univers,
Suprême intelligence,

Bienfaiteur ignoré des aveugles mortels,
Tu révéleras ton être à la reconnaissance
Qui seule éleva tes autels. »

Robespierre mit le feu à une statue de carton représentant l'athéisme et parut, devant les Conventionnels qui retenaient prudemment leurs rires, la statue en plâtre de la Sagesse toute barbouillée de noir par le feu.

Ce qui frappa surtout, c'est la prééminence de l'Incorruptible sur ses collègues. Mais Robespierre avait fait rire et on allait rire encore à ses dépens à propos de l'affaire de la Mère de Dieu, Catherine Théot, prophétisant la venue d'un Messie assimilé à Robespierre. S'il faisait rire, Robespierre était perdu.

Avec les Thermidoriens, un équilibre instable s'établit entre les catholiques et les tenants de la Révolution. Quelle fut alors l'attitude du pouvoir en face du clergé ?

Très habile. Les Thermidoriens ne souhaitaient nullement, après la chute de Robespierre, un retour au catholicisme. Mais il leur fallait tenir compte de la résistance de ce dernier, résistance qui favorisait, en Vendée, la Contre-Révolution.

C'est pourquoi ils choisirent la voie de la séparation de l'Eglise et de l'Etat. Le décret du 18 septembre 1794 décide que « la République ne paie plus les frais ni les salaires d'aucun culte ». L'Etat devenant laïque n'a plus de raisons de persécuter les catholiques. On ira jusqu'à proclamer la liberté des cultes. Proclamation qui facilite la pacification de l'Ouest. Tolérance est le mot à la bouche. « L'exercice d'un culte, constate un décret du 22 février 1795, ne peut être troublé. »

Mais pourquoi persécuter des catholiques alors que la séparation de l'Eglise et de l'Etat les condamne à une mort lente dans l'esprit des Thermidoriens. Car l'Eglise avait été spoliée de ses biens, mais, à titre de compensation, elle recevait un traitement. La suppression de ce traitement achève de la ruiner.

Face à la tradition catholique, l'Etat persista à soutenir de nouveaux cultes : le culte décadaire, la théophilanthropie. Comment étaient-ils organisés ? Quelle était leur influence ?

C'est vrai, l'Etat s'est obstiné à maintenir un culte officiel. La Revellière-Lépeaux, au Directoire, était le chef de file des théophilanthropes rebaptisés « les filous en troupe ». Mais la théophilanthropie, en dehors de l'Institut national, ne séduisait guère. Et comme l'expliquait Barras à La Revellière-Lépeaux : un bossu (c'était le cas de La Revellière) ne peut fonder une religion. Si le Christ a réussi, c'est parce qu'il fut crucifié. Mais on ne peut pas crucifier un bossu, ou alors à l'envers, montrant son dos et le spectacle de La Revellière crucifié n'aurait pas beaucoup exalté les foules. – Barras était très cruel.

L'autre culte officiel était le culte décadaire. Pourquoi ce nom ? Parce qu'on substituait le décadi au dimanche. Un Conventionnel, Mallarmé, devenait lyrique sur ce thème : « A la création des sept jours a succédé la création de la Constitution française ; au lieu du dimanche, nous aurons le décadi. Ce n'est plus une vierge enfantant sans douleur un homme-dieu ; c'est le peuple toujours pur et incorruptible, mettant au monde la liberté. Nous n'avons plus à honorer cette trinité hétéroclite et incompréhensible des chrétiens : liberté, égalité, fraternité, voilà celle que nous devons encenser. » Pourquoi pas ? Mais le culte décadaire était inévitablement voué à l'échec. Ces cérémonies consistaient à commenter le *Bulletin des lois* ou la Constitution et à célébrer des mariages « républicains ». De plus les fondateurs du culte décadaire ne s'étaient pas avisés qu'en substituant le décadi au dimanche, ils plaçaient le jour de repos le dixième et non plus le septième jour. – La semaine devenait du coup beaucoup plus longue. De quoi refroidir l'ardeur « décadaire » des ouvriers ! Les cultes révolutionnaires sombrèrent dans l'échec.

Avec Bonaparte, l'attitude des autorités publiques vis-à-vis de la religion catholique évolua. Pourquoi l'homme du 18 Brumaire recherchait-il l'appui de l'Eglise ? Les raisons étaient-elles d'ordre politique, social, économique ?

Eliminons les considérations religieuses. Bonaparte, à l'image des Thermidoriens, n'avait aucune conviction dans le domaine religieux, même s'il avait été élevé dans la foi catholique. Mais il se rendait compte du rôle décisif joué par l'Eglise dans l'échec de la Révolution. On ne pouvait rien bâtir de durable sans son appui. Les cultes révolutionnaires avaient échoué. Certains, de Madame de Staël au préfet de police Dubois, préconisaient le Protestantisme comme religion d'Etat. Mais curieusement le Protestantisme, comme l'a montré dans une belle thèse Daniel Robert, avait moins bien résisté à la déchristianisation révolutionnaire qu'aux dragonnades de l'Ancien Régime. Restait le Catholicisme. Un Catholicisme divisé, ce qui fournissait quelques cartes maîtresses à Bonaparte.

Il a su éviter l'erreur des Constituants en négociant directement avec le Pape. Il était difficile au nouveau souverain pontife, Pie VII, de refuser des pourparlers. Je dirai que les avances de Bonaparte étaient inespérées et ont dû paraître relever du miracle à Rome. Songez que le Pape précédent était mort en captivité en

France, qu'aucun pays, n'avait, depuis longtemps, persécuté pareillement l'Eglise.

A quoi aboutit le Concordat ?

Au triomphe de Bonaparte. C'était inévitable. Mais la négociation fut longue.

Bonaparte avait deux objectifs : récupérer à son profit le renouveau religieux très sensible après Brumaire ; placer l'Eglise sous son contrôle et à son service. Ses négociateurs s'appelaient Bernier, qui venait de réussir la pacification de la Vendée, Talleyrand (mais cela pouvait être un handicap) et par la suite Cacault (une de ces figures trop négligées de la période). En revanche, Rome avait envoyé Mgr Spina, rempli de bonne volonté mais sans grande envergure. Il arriva à Paris en novembre 1800.

Un premier projet fut rapidement conclu. Mais Talleyrand le jugeait trop favorable à l'Eglise et en substitua un deuxième que repoussa Spina. Bernier en rédigea un troisième, favorable, comme le premier, à l'Eglise ; il avait profité de l'émotion provoquée par l'explosion de la machine infernale attribuée aux Jacobins.

Mais Fouché prouva qu'il s'agissait de royalistes et le projet de Bernier sombra. Quatrième projet et invitation à Spina de le signer aussitôt, sous peine de rupture. Mais Spina n'en avait pas le pouvoir. L'impatience du premier consul se heurte à la sage lenteur de la Curie. Il dicte un cinquième texte à prendre ou à laisser. Finalement la négociation se déplace à Rome où Cacault ramène le secrétaire d'Etat Consalvi. Un sixième projet est écarté, puis un septième toujours dû à Bernier et auquel Consalvi réplique par un huitième projet. Bonaparte le repousse. Nouveau projet de Consalvi qui connaît le même sort. On tombe enfin d'accord sur un dixième projet qui doit être signé le 13 juillet 1801. Mais quand Consalvi se prépare à le parapher, il découvre qu'un autre projet, nettement moins avantageux pour Rome, un onzième projet donc, a été substitué au dixième. Douzième projet que Bonaparte jette au feu. La médiation de l'Autriche est demandée. Un treizième projet est enfin adopté et le Concordat signé.

Pourquoi tant de difficultés. Quatre problèmes suscitaient conflit : la vente des biens nationaux ; la division du clergé, le statut de l'Eglise jusqu'alors religion d'Etat ; enfin la question des prêtres mariés. Toutes trouvèrent une solution. Le Pape reconnut la vente des biens d'église, rassurant ainsi les acquéreurs si nombreux. En avait-il le pouvoir ? En tout cas, il s'engageait à ne lancer aucune procédure de restitution. Pour en finir avec les divisions du clergé, on invita évêques jureurs et réfractaires à démissionner. On put ainsi repartir sur de nouvelles bases avec un recrutement neuf, apaisant ainsi les passions. Enfin le Catholicisme fut proclamé religion de la majorité des Français.

Une nouvelle division des diocèses était établie, la nomination des évêques revenait au premier consul, le Pape leur donnait ensuite l'institution canonique, sorte d'investiture spirituelle à laquelle Bonaparte ne prêta pas alors attention mais qui allait, après 1809, se révéler une arme meurtrière entre les mains du Pape.

Les évêques nommaient les curés. Evêques et curés touchaient un traitement. On en revenait au clergé fonctionnaire de la Constitution civile, mais cette fois les prêtres n'étaient plus élus (ce qui était, on l'a vu, choquant) mais nommés, et le Concordat était accepté par le Pape.

Pouvait-on considérer ce Concordat comme durable ? Les cadres du Consulat étaient réputés comme franchement hostiles au Catholicisme et les royalistes ne pouvaient être que mécontents d'un Concordat qui les privait de l'appui de l'Eglise.

Ajoutons-y le mécontentement de la Curie quand Bonaparte compléta unilatéralement le Concordat par les articles organiques. Le premier consul y réintroduisait les principes gallicans : brefs, bulles, et actes divers du Saint-Siège ne pouvaient être diffusés en France sans l'autorisation du gouvernement, nécessaire aussi pour la tenue de conciles ou de synodes. Le titre II allait jusqu'à prévoir l'enseignement – on ne peut plus gallican – des « quatre articles » de 1682 dans les séminaires. – Les protestants à leur tour recevaient un statut copié sur celui des catholiques.

Pie VII protesta et tous les papes à sa suite contre les articles organiques mais ils étaient si favorables à l'Etat que tous les gouvernements, jusqu'en 1905, se refusèrent à les abolir. Ils permirent de désarmer dans l'immédiat le mécontentement des assemblées législatives, sinon de l'armée, où il y eut quelques grincements de dents et des disgrâces éclatantes comme celle du général Delmas.

Pie VII se résigna. Sans doute considérait-il le Concordat comme un progrès par rapport à la situation de 1795.

Le Concordat permit une renaissance matérielle de l'Eglise ruinée par la Révolution. Mais il créait un épiscopat de fonctionnaires. Le destin du clergé se trouvait lié avec celui des régimes en place, qui furent jusqu'en 1870, des régimes conservateurs. L'Eglise eut à en pâtir : sac de l'archevêché de Paris et fuite de Mgr de Quelen en 1830, mort de Mgr Affre en 1848, sort tragique de

Mgr Darboy, fusillé par les Communards en 1871. Et affrontement entre l'Eglise et la République après 1870, affrontement qui a abouti à la séparation de l'Eglise et de l'Etat en 1905.

Le Concordat n'en a pas moins tenu un siècle, preuve de son excellence. Les révisions lors du conflit du Pape et de l'Empereur, puis sous la Restauration, n'ont pas abouti. Chacun y trouvait son avantage : le Pape avait montré comment, en refusant l'institution canonique aux évêques, il pouvait paralyser la vie religieuse de la France, mais lors de la crise entre Pie VII et Napoléon, l'épiscopat n'avait osé se dresser, quelques fortes personnalités exceptées, contre Napoléon.

Le Concordat fit-il pourtant l'unanimité chez les catholiques ?

On sait la haine portée à Pie VII par Joseph de Maistre. Il y eut un schisme, celui de la Petite Eglise, qui conserve des ramifications aujourd'hui encore et que l'on ne saurait assimiler à une secte. Mais dans l'ensemble le Concordat fut bien accepté. On put mesurer la popularité de Pie VII lorsqu'il vint en France pour le sacre. Popularité qui ne servit pas au Pape lors du conflit avec Napoléon. Certes la censure étouffa la bulle d'excommunication lancée en 1809 par Pie VII contre Napoléon. – Ce sont « les chevaliers de la foi », une association formée par de jeunes catholiques exaltés sur le modèle de la franc-maçonnerie, qui s'efforcèrent de la diffuser, non sans difficultés. Mais si Napoléon était revenu victorieux de Russie, le Pape aurait dû plier et l'opinion n'y aurait trouvé rien à redire.

Napoléon était-il antisémite ? Quelle est la signification du Grand Sanhédrin ?

C'est un débat qui a d'abord opposé l'abbé Lemann qui voyait en Napoléon un prince trop favorable aux juifs, du moins selon son goût, et Boisandré qui le dépeint dans une brochure rééditée en 1938 comme antisémite. A son tour Anchel, dans une thèse remarquée, « Napoléon et les juifs », soutenue en 1928, présenta un Napoléon méprisant les juifs, tout en vantant l'organisation officielle donnée à leur culte.

Pietri au contraire insista dans *Napoléon et les Israélites* sur le souci de l'Empereur de compléter par l'assimilation la liberté donnée aux juifs par la Révolution.

Comme toujours la vérité est entre les deux. On connaît des propos très durs de Napoléon contre les juifs : il visait surtout ceux de l'Est dont les pratiques « usurières » suscitaient souvent des troubles. Mais il n'y a aucun racisme, aucune systématisation chez Napoléon. Le parallèle fait parfois avec Hitler est absurde. Napoléon raisonne en termes d'ordre public. Il considère par ailleurs le Judaïsme en tant que culte et entend lui donner, comme aux autres, un statut officiel.

Napoléon a-t-il appartenu à la franc-maçonnerie ?

Il y eut de nombreux francs-maçons dans son entourage dont son frère Joseph, sans parler de Cambacérès. Mais lui-même ? Le préfet Collaveri dans *Napoléon fut-il franc-maçon ?* l'avait affirmé. Dans la préface que j'ai donnée à ce livre, j'ai émis des doutes. On ne trouve aucune trace d'appartenance à une loge. – De toute façon, la franc-maçonnerie avait été fortement secouée par la Révolution et n'avait pas sous l'Empire l'importance qu'elle prendra plus tard.

Napoléon meurt-il en chrétien ?

A Sainte-Hélène, Napoléon était dépourvu de toute consolation spirituelle. Je ne crois pas qu'il en ait beaucoup souffert. Mais sa famille s'en inquiéta, notamment sa mère et le cardinal Fesch. On lui envoya à Sainte-Hélène Antonio Buonavita, comme aumônier en 1819. Mais celui-ci, déjà malade, ne put rester et repartit en mars 1821. C'est son chapelain, Ange Vignali, un Corse qui devait être assassiné en 1836 dans son île natale, qui administra à l'Empereur mourant l'extrême-onction.

Dans son testament daté du 15 avril 1821, Napoléon affirme : « Je meurs dans la religion apostolique et romaine, dans le sein de laquelle je suis né, il y a plus de cinquante ans. » C'est une affirmation qui répond plus à un souci de convenance qu'au cri d'une foi profonde et ardente.

La vertu

Sous la Constituante puis la Législative, un vent de corruption souffle sur ces assemblées. Comment pouvons-nous l'expliquer ?

N'exagérons pas. Les Constituants – Mirabeau mis à part – n'ont pas compris les « avantages » que pouvait leur assurer leur condition de parlementaire. La meilleure preuve : ils se déclarent inéligibles à la Législative. Ce sera le seul cas dans l'histoire politique de la France. Mais il est vrai que le baron de Batz, très lié à la finance genevoise, a joué un rôle très équivoque au comité de liquidation de la dette publique. En accordant à certains créanciers un remboursement prioritaire, il aurait obtenu de substantiels pots-de-vin. Par ailleurs, il a joué comme Mirabeau un rôle de conseiller occulte de la Cour et là encore les avantages ont été très conséquents. Disposant d'informations confidentielles, Talleyrand a certainement dû spéculer : il avait, comme Batz, une réputation de « financier ». Mais, dans leur écrasante majorité, les Constituants furent honnêtes. – Quant à la Législative, son existence fut trop brève pour permettre de « gros coups ». La guerre a créé des occasions. Toutefois, il faut attendre la Convention pour que souffle vraiment le vent de la corruption.

La Compagnie des Indes était une des grandes affaires commerciales du temps. Sa liquidation fut sujette à caution. Qui en furent les instigateurs ? A qui profita « le crime » ?

La Compagnie des Indes, sous sa dernière forme, remontait à 1785. Elle avait le monopole du commerce au-delà du Cap. La suppression des privilèges dans la nuit du 4 août devait inévitablement entraîner la fin de son monopole et en définitive sa ruine. Mais, face aux décrets qui la frappèrent, une nuée d'hommes de loi, dont elle avait acheté les services, sut trouver les failles pour lui permettre de conserver ses activités au moins financières. A partir de 1793, sa situation parut plus menacée. Il fallait à la Compagnie un appui politique. C'est alors qu'intervinrent ceux qu'Albert Mathiez a appelés « les députés d'affaires ». Parmi eux l'ancien capucin Chabot qui avait épousé la sœur des banquiers Frey, et surtout Fabre d'Eglantine. A l'arrière-plan se profile le baron de Batz qui ne siège pas à la Convention. Il y eut falsification du décret de liquidation pour le plus grand profit de la Compagnie et de Fabre d'Eglantine. L'auteur d'*Il pleut bergère* avait de gros besoins d'argent. Les bergères, je l'ai déjà dit, coûtent cher à entretenir ! Les conditions dans lesquelles fut découverte la falsification n'ont pas été entièrement éclairées. Il y eut dénonciation, sinon personne ne lisant, parmi les députés, le *Bulletin des lois* (avez-vous vu des députés, aujourd'hui encore, lire le *Journal officiel*?) la supercherie n'aurait pas été découverte. Chabot, le premier, saisi de peur, prévint Robespierre qui le renvoya au Comité de sûreté générale.

Et l'abbé d'Espagnac ?

C'est en effet le parangon de la corruption. Il avait commencé comme abbé à faire scandale par un prêche du jeudi saint au point d'horrifier un protestant comme Necker, ce qui n'était pas rien. Chassé de la Cour, il avait trouvé refuge au Palais-Royal et s'était lié avec Calonne. Par la suite, il a joué sur les fournitures militaires. Il semble qu'il faisait acheter par l'armée du matériel et des chevaux qu'il louait ensuite à cette même armée ! Il finit guillotiné en même temps que Danton, Fabre et Chabot.

Les quelques « gros pourboires » reçus par Mirabeau servirent-ils la cause royale ? La corruption était-elle rentable pour les corrupteurs ?

Non. La liste civile (somme d'argent dont disposait personnellement le roi pour récompenser des services), dont l'intendant, Laporte, fut l'un des premiers guillotinés, ne servit à rien. Les conseils de Mirabeau n'étaient pas écoutés. Danton fut acheté lors du procès de Louis XVI : il devait sauver le Roi, mais ne fit rien et vota en définitive « la mort du tyran ». M. de Lestapis affirme dans un livre très documenté, paru en 1969, *La Conspiration de Batz*, que le fameux baron payait Hébert, le Père Duchesne, pour faire de la surenchère démagogique, afin de discréditer la Révolution. Mais la manœuvre ne parvint même pas à épargner à Marie-Antoinette l'échafaud. Et pourtant, si l'on en croit Lestapis, Batz disposait de millions.

Les Anglais ne profitèrent-ils pas de la situation pour fomenter la discorde, en commanditant les actes de corruption ?

L'or anglais, « la cavalerie de Saint-Georges », a surtout servi à financer les coalitions. Londres aurait fait imprimer de grandes quantités de faux assignats pour hâter la dépréciation de la monnaie nationale. L'ampleur de cette manœuvre reste à démontrer.

L'entourage du duc d'Orléans fut-il le centre d'une grande partie de l'activité corruptrice ?

En effet, le duc d'Orléans a joué un rôle très équivoque, au début de la Révolution, notamment lors de l'émeute « Réveillon ». Réveillon était un fabricant de papiers peints du faubourg Saint-Antoine dont l'hôtel fut saccagé en avril 1789. Les agitateurs étaient très probablement à la solde du duc d'Orléans. Il s'agissait de multiplier les désordres pour discréditer Louis XVI.

A-t-il été à l'origine des journées d'octobre ? C'est moins sûr. Il avait tout intérêt à laisser le Roi à Versailles et à rester seul dans Paris. A partir du 6 octobre 1789 les Tuileries font contrepoids au Palais-Royal dont le déclin s'amorce.

Comment la Convention essaya-t-elle de traiter la corruption ? Par la philosophie de la vertu ?

La Convention a toujours levé l'immunité parlementaire des députés corrompus. On a déjà évoqué le cas des Chabot, Fabre, Basire ou Julien. Un autre exemple est non moins frappant, celui d'Osselin. Elu par Paris à la Convention, il siège au Comité de sûreté générale et profite de sa situation pour faire libérer plusieurs personnes et va même jusqu'à cacher chez lui une émigrée dont il est tombé amoureux. La Convention n'hésite pas à le sacrifier. Il meurt sur l'échafaud. La corruption a pour sanction, sous la Terreur, la mort. Les Républiques qui suivront ne retiendront pas la leçon.

La Terreur, exigée par Robespierre, incita-t-elle les natures rebelles à retrouver « le droit chemin » ou à disparaître ?

Robespierre n'a pas « exigé » la Terreur, même s'il s'en fit le théoricien. C'est l'ensemble de la Convention qui l'a voulue. Lebon le rappellera au moment de son inculpation. Napoléon dans le *Mémorial* dit que Robespierre combattait les excès de la Terreur, excès dus à Barras et Fréron à Marseille. La Terreur a permis en tout cas à la Convention de redresser une situation désespérée à l'été 1793. Le populicide vendéen par exemple a brisé cette région : il y aura certes de nouveaux soulèvements en 1795, 1799 et 1815, mais sans l'ampleur de 1793.

Les maisons de santé : hauts lieux de la corruption ; pourquoi ?

Le traitement des prisonniers sous la Terreur dépendait de leur situation de fortune (l'égalité n'était bien sûr qu'un « vain mot »). Tant que l'on pouvait payer, on restait dans des maisons de santé où la vie était somme toute agréable, justifiée par un prétendu mauvais état physique. Il fallait s'y faire oublier du redoutable et, contrairement à ce qu'on a dit, incorruptible procureur Fouquier-Tinville. – Sinon le malheureux se trouvait pris dans un engrenage qui le conduisait à l'ultime étape, la Conciergerie, d'où l'on partait pour la guillotine après la condamnation. L'argent, s'il ne fait pas, paraît-il, le bonheur, a sauvé bien des vies sous la Terreur. La beauté d'une femme, en revanche, ne suffisait pas, même si la future Madame Tallien dut à ses grâces d'échapper à la mort.

Robespierre qui, le 8 thermidor, décida de mettre un terme aux agissements des corrompus, fut renversé le lendemain à la Convention. L'angoisse de nombreux Conventionnels, dont la conscience était peu claire, précipita-t-elle la chute de Robespierre ?

Indiscutablement, Robespierre eut le tort de ne pas donner de noms précis (celui de Fouché notamment) le 8 thermidor. La Convention les aurait sacrifiés sur-le-champ. De nombreux députés, auxquels Robespierre ne songeait pas, se crurent visés. On a toujours quelque chose à se reprocher. Dans la nuit du 8 au 9 thermidor une vaste coalition se noua contre Robespierre.

Elle englobait les représentants en mission menacés, de Fouché à Barras, mais aussi des membres du Comité de salut public qui ne supportaient plus Robespierre, des membres du Comité de sûreté générale qui n'avaient pas admis la création au Comité de salut public d'un bureau de police empiétant sur leurs attributions, et Cambon, le mystérieux Cambon, qui régnait sur le Comité des finances.

Que voulait Robespierre ? Il considérait la vertu comme le frein indispensable de la Terreur. Le sadisme d'un Carrier, inventeur, a-t-on dit, des mariages républicains qui auraient consisté à noyer un homme et une femme attachés nus ensemble, la cruauté d'un Lebon (qui ne méritait pas son nom) ou ce jeu de la volupté et de la mort que pratiqua Tallien avec la belle Térésa Cabarrus, révulsaient l'Incorruptible, dépourvu de toute émotion sexuelle. Il fallait, selon lui, tuer proprement et froidement. Il se peut d'ailleurs que la charrette des corrompus ait été dans son esprit la dernière. C'est ce que suggère Napoléon dans le *Mémorial* où il se montre favorable à Robespierre, transformé après sa mort, laisse-t-il entendre, en seul responsable de la

Terreur. Il a vu dans le Midi des lettres de Robespierre à son frère Augustin qui montreraient l'Incorruptible sous un jour différent. Mais en parlant ainsi à Sainte-Hélène, Napoléon ne souhaitait-il pas justifier son propre passé de robespierriste ?

Sous le Directoire et le Consulat, la corruption se développa au plus haut degré. Quelles furent les personnalités qui se laissèrent aller à l'agiotage, à la corruption et au vol ?

Sous le Directoire, la corruption atteignit des sommets, la Terreur ne servant plus de frein. C'est l'époque où le luxe s'étale sans pudeur et jure avec la misère des classes populaires. L'argent est roi, le numéraire, car l'assignat puis le mandat territorial ont été emportés par la spirale de l'inflation. Le symbole de cette époque ? Ouvrard. Il obtient de Barras le monopole des marchés militaires. Il s'attribue aussi le contrôle des fournitures de la marine. C'est le moment où il achète le château de Raincy et y donne des fêtes somptueuses. Son opulence impressionne les contemporains. Comment s'enrichissait-on alors ? Fiévée en décrit les mécanismes dans un roman qui remporta un grand succès et qui se lit aujourd'hui encore avec un vif plaisir : *La Dot de Suzette*. Ce journaliste royaliste n'a pas eu à forcer le trait. Pensons à Rapinat enfin (au nom prédestiné) donnant à Berne le signal de la mise en coupe réglée des républiques sœurs.

Après le coup d'Etat du 18 Brumaire, le nouveau pouvoir veilla-t-il à la moralisation de la vie publique ?

On attendait surtout du nouveau régime la fin de la Révolution plutôt que la moralisation de la vie publique. Mais le coup d'Etat éliminait Barras, symbole de la corruption au profit d'un jeune général qui avait inspiré, lors de la campagne d'Italie, une feuille au titre révélateur : *Journal de Bonaparte et des hommes vertueux.* Brumaire, bien que considéré au départ comme un coup d'Etat dans la lignée de Fructidor, Floréal et Prairial, put faire illusion sur ce point. Au demeurant, Bonaparte, bien que mis en cause dans un pamphlet attribué à tort au marquis de Sade, *Zoloé et ses acolytes*, n'avait pas les mœurs crapuleuses d'un Barras. Joséphine, après Brumaire, sut se tenir. Madame Tallien et ses compagnes de débauche furent écartées de la cour consulaire. Ne parlons pas toutefois d'ordre moral, même si Bonaparte approuva « l'enfermement » de Sade à Charenton.

Comment pouvait-on s'enrichir sous le Consulat et l'Empire ?

Sous la Révolution, la principale source d'enrichissement fut la spéculation sur les biens nationaux, ces biens d'Eglise, puis de la noblesse émigrée, vendus dans des conditions que la dévaluation de l'assignat rendit particulièrement avantageuses. Il y eut aussi, on l'a vu, les fournitures aux armées.

Sous l'Empire, on s'enrichit toujours par la corruption. Songeons à Talleyrand, toujours là. Lors de la négociation de la paix de Presbourg en 1805, il obtient une réduction de la contribution de guerre de l'Autriche, de cent millions à quatre-vingt-cinq millions et prend au passage sa commission. En 1809 il vend à l'Autriche de précieux renseignements sur les armements français, les documents sont à Vienne et ont été publiés pour la première fois par Emile Dard dans *Napoléon et Talleyrand.*

Le Blocus continental a favorisé l'extension de la corruption. Pour continuer à commercer il fallait des licences. Les autorités françaises les vendaient fort cher, en Allemagne occupée, quand elles n'en établissaient pas de fausses. En 1807, une enquête met en cause à Hambourg Brune : « On ne peut se dissimuler que c'est au général Brune, à l'adjudant-commandant Lallemand qui a toute sa confiance, au consul de France La Chevardière et à ses sous-ordres que l'on doit s'en prendre pour toutes les dilapidations qui ont eu lieu. Il est impossible d'évaluer l'argent qu'ils ont dû faire, mais ils ont pu faire tout ce qu'ils ont voulu et sont cause que les Anglais versent tous les jours sur le continent une immense quantité de leurs marchandises. On dit que tout cela se paie fort cher. » Le futur roi de Suède Bernadotte revend des autorisations de commercer à des négociants. « Le Prince de Ponte-Corvo a gagné beaucoup d'argent à Hambourg » écrit Napoléon à Fouché le 12 septembre 1809.

Au demeurant, être corrompu n'est pas indispensable pour faire fortune sous l'Empire. Aux traitements déjà très élevés des hauts fonctionnaires et des dignitaires s'ajoutent les énormes gratifications accordées par Napoléon. Par un seul décret du 8 février 1813, Ney a reçu 124 000 F de dotation en Westphalie, 100 000 F en Hanovre, 100 000 F dans le Trasimène, 100 000 F sur le Mont Napoléon, 76 000 F sur l'octroi du Rhin. La journée de travail d'un ouvrier qualifié à Paris se monte à 3 F.

Le pillage était-il un moyen d'enrichissement ordinaire dans l'armée impériale ?

« J'aurais dû faire un grand exemple et faire fusiller Soult, le plus pillard d'entre eux », disait Napoléon de ses maréchaux tant il était excédé par leurs pillages. Pillages injustifiés en raison des gratifications reçues par ailleurs. L'Empereur a sévi à plusieurs reprises. Il contraint

Masséna à restituer trois millions qu'il avait placés dans une banque de Livourne. Il relève Vandamme en 1812 de son commandement pour « brigandage ». Mais Napoléon ne pouvait rien contre les prébendes, les cadeaux, les réquisitions en pays conquis. Ces formes de rapine n'ont cessé de prendre de l'ampleur. Monnet, chargé de défendre Walcheren, lève un droit de 10 % sur l'importation des légumes dans la place et en garde le revenu. Le soldat suivait l'exemple venu de haut. Il l'a payé cher lors de la retraite de Russie.

Que conclure, sinon que le passage de l'aristocratie à la ploutocratie donne à l'argent une place essentielle dans la nouvelle société. Le système électoral du cens dans les constitutions de 1791 et de 1795 comme les listes des plus imposés par département sous l'Empire soulignent que l'on n'est rien sans argent. Certes l'argent avait déjà une place considérable sous l'Ancien Régime, mais désormais il est « roi » : il s'est substitué à la naissance et au talent.

Le tragique

Pierre-Victor Malouet, un des chefs du parti monarchien, a écrit que « pour tout homme impartial, la Terreur date du 14 juillet ». Qu'en pensez-vous ?

Malouet voit juste. Comment expliquer autrement la façon dont la tête du gouverneur de Launay fut découpée et mise au bout d'une fourche à trois branches. Que de Launay ait été massacré après la chute de la Bastille peut se comprendre par une réaction de fureur populaire. L'homme qui coupa la tête du gouverneur, un certain Desnots, expliqua par la suite qu'il avait bu un décilitre d'eau-de-vie dans laquelle il avait mis de la poudre à canon. On sait que le prévôt des marchands eut le même sort et que sa tête fut promenée également au bout d'une pique. Quelques jours plus tard ce sera au tour de l'intendant de Paris, Bertier de Sauvigny, et de son beau-père Foulon. Le cœur de Bertier fut promené par le même Desnots (ce qui est assez troublant) au bout d'un sabre. La bouche de la tête coupée de Foulon était pleine de foin.

Non seulement ces détails atroces sont exacts (Girodet a dessiné d'après nature la tête de Foulon et le cœur de Bertier) mais ils furent reproduits dans de nombreuses gravures anonymes. Pourquoi ces mises en scène macabres ?

Pour TERRORISER les responsables du maintien de l'ordre. L'effet fut immédiat. Toute résistance cessa dans Paris. Le Lieutenant général de police, Thiroux de Crosne, qui devait sentir quelques picotements autour de son cou, s'enfuit rapidement. – L'administration de Paris s'écroula aussitôt. La place était vide pour de nouvelles autorités.

A quelles conditions objectives répond l'établissement d'un nouveau régime de terreur ?

Il s'agit d'intimider, de terroriser. Ne vous êtes-vous pas demandé pourquoi on promenait sur de longs itinéraires, en charrette, les condamnés à mort. De la Conciergerie à la guillotine, il fallait souvent plus d'une heure. Les malheureux étaient exposés pendant le trajet à la vue de la foule. Là encore la volonté de terroriser est évidente. Un adversaire terrorisé est sans réaction. Les manifestations de fureur populaire, peut-être spontanées à l'origine, ont été soigneusement planifiées : tel fut le cas des massacres de Septembre. On ne dissimule pas le sort horrible de la princesse de Lamballe (Sade est dépassé) ; au contraire, on l'exalte. La propagande amplifie l'horreur. La Terreur est officielle, elle est mise à l'ordre du jour.

Existe-t-il une explication scientifique au phénomène de la « Grande Peur » ? « Une inquiétude vague, écrit le baron d'Auzers, dominait tous les esprits. Le pays était menacé par l'invasion imminente de hordes de brigands. – Qui étaient les brigands ? On l'ignorait. D'où venaient-ils ? On ne le savait pas. » Est-ce une explication suffisante ?

Le phénomène de la « Grande Peur » peut s'expliquer dans le contexte d'une époque où l'information circulait mal, où, en raison de l'excitation des esprits, toute nouvelle était déformée, amplifiée. – N'oublions pas qu'il y a famine ou menace de famine dans de nombreuses régions, que le chômage frappe les journaliers, ces « brassiers » qui errent par bandes dans les campagnes. Du chômeur au brigand, le pas est vite franchi et même s'il ne l'est pas, la bande fait néanmoins peur.

Une interprétation marxiste de la « Grande Peur » est difficile à étayer. – La thèse du complot ne tient pas davantage... Il aurait fallu envoyer des agents dans trop de régions. Le duc d'Orléans ne disposait pas de moyens aussi étendus, mais il est vrai que la carte des régions touchées par le phénomène correspond à celle de régions où les sociétés de pensée étaient actives.

La peur est un phénomène irrationnel, incontrôlable. Plus la rumeur est absurde, plus elle a de chances de rencontrer un écho. – Un historien aujourd'hui oublié, mais que j'ai connu dans les années 1960, Jean Palou avait écrit un petit livre sur *La Grande Peur* où il mettait bien en lumière les mécanismes de ce phénomène.

Dans une atmosphère où les tensions et les rixes se multipliaient, les sections parisiennes réclamaient la déchéance du Roi ; le 10 août 1792 sonne le glas de la Monarchie. – Etait-ce irrémédiable ? – A partir de cet événement le processus révolutionnaire s'accéléra et sembla échapper de plus en plus à ses propres agents : qu'en est-il exactement ?

La chute de la Monarchie n'était nullement irrémédiable le 10 août. La manifestation du 20 juin où

Louis XVI avait été coiffé du bonnet phrygien suscita l'indignation de toute la France et particulièrement de Paris où une pétition favorable au Roi recueillit 20 000 signatures. Pour défendre les Tuileries, en dehors des Suisses et des gentilshommes venus courageusement se porter à son secours, Louis XVI disposait de la Garde nationale, peu sûre, mais qu'on pouvait facilement galvaniser. Frénilly a écrit sur le 10 août des pages excellentes. Accouru pour défendre le Roi, il montre que si Louis XVI était monté à cheval et avait harangué la Garde nationale, tout aurait basculé en sa faveur. Comment ne pas citer son témoignage : « A six heures du matin, Louis XVI vint nous passer en revue. – Quelle revue décourageante pour des hommes qui ne demandaient qu'un maître et un guide. Je le vois encore, le malheureux prince, passant devant notre front, muet, soucieux, dandinant, semblant nous dire : "Tout est perdu." Le petit groupe qui l'entourait avait beau dire : "Vive le Roi, Messieurs", on nous avait commandé le silence sous les armes et nous obéissions quand il fallait désobéir. – Quant aux bataillons rebelles, ils ne connaissaient de cris que "Vive la Nation !" Tout fut donc muet, roi et armée. Le Roi crut voir sa condamnation dans notre silence et nous lûmes sa perte dans le sien. »

Frénilly est féroce : « Le pauvre roi avait une si terrible peur d'être inconstitutionnel que dans cette journée où il y allait de son trône et de sa vie, il n'avait même appelé de l'Ecole militaire les dix-huit cents hommes de sa fidèle garde, licenciés inconstitutionnellement par l'Assemblée. »

En se rendant à l'Assemblée législative, Louis XVI eut ce mot que rapporta Frénilly : « Je me rends dans le sein de l'Assemblée pour épargner des crimes à mon peuple. » « Hélas ! Il venait de les lui aplanir ! » commente Frénilly. La faute est impardonnable : abandonner ses partisans pour se réfugier au milieu de ses ennemis ! Frénilly accable Louis XVI : « Il fallut que l'infortuné Roi achevât sa ruine si bien commencée. Otage au sein de l'Assemblée, il fit ce qu'hélas, il eût fait de même en pleine liberté : il envoya aux siens l'ordre de cesser le feu et de se replier... Se replier, grand Dieu ! Et où ? Dans le château pour y être massacré un à un comme le furent tant d'autres ! Dans le jardin que dix minutes après sillonnaient déjà les canons des vainqueurs ! »

On a accusé à juste titre Louis XVI d'avoir fait plus volontiers couler le sang de ses partisans (les malheureux Suisses) que de ses ennemis. En épargnant ces derniers, il vouait les premiers à la mort. Qu'il ait été mal conseillé par Marie-Antoinette, c'est possible, mais au 10 août, il ne fait pas son métier de Roi. Le grand responsable de la chute de la Monarchie, c'est lui. Du moins a-t-il su mourir en Roi, mais il entraînait la Monarchie dans sa mort. Il n'avait pas la passion du pouvoir.

Après la journée des Tuileries, la Commune s'imposa comme le fer de lance de « la révolution en marche ». Quelles furent son organisation, son influence et ses objectifs ?

Il n'y a pas une Commune de Paris mais plusieurs communes successives après la chute de la Monarchie : la Commune insurrectionnelle qui porte la responsabilité des massacres de Septembre, la Commune provisoire qui faillit avoir pour chef Lefèvre d'Ormesson qui battit en novembre 1792 le candidat des Jacobins Lhuillier (ce qui nous montre que deux mois après les massacres de Septembre, les révolutionnaires n'étaient pas maîtres de Paris) mais d'Ormesson, prudent, remit sa démission, et ce fut encore un modéré, l'obscur Chambon, un médecin, qui devint maire de Paris ; il disparut rapidement au profit d'une Commune hébertiste dominée par Pache (maire), Chaumette (procureur) et Hébert (substitut). C'est cette Commune qui sous la pression des Enragés (qu'il ne faut pas confondre avec les Hébertistes), défia la Convention, exigeant de l'Assemblée l'établissement du maximum des prix et le développement d'une politique de déchristianisation. Mais les Hébertistes allèrent trop loin. Ils eurent le tort de souhaiter l'épreuve de force avec les Montagnards après l'élimination de la Gironde qui les grisa. Le 4 mars 1794, Hébert appelait à l'insurrection populaire au Club des Cordeliers. Dans la nuit du 13 au 14 mars il était arrêté.

A la Commune hébertiste se substitua une Commune robespierriste. Le nouveau maire Fleuriot-Lescot et l'agent général Payan étaient des hommes dévoués à Robespierre. Lorsque celui-ci est décrété d'arrestation le 9 thermidor, c'est Fleuriot-Lescot qui prend l'initiative de mettre la Commune de Paris en état d'insurrection et fait libérer Robespierre, Couthon et Saint-Just. Il ne sera pas suivi : lassitude et scepticisme des sans-culottes. Dès lors la Commune est condamnée. Avec cet art de la mise en scène qui caractérise les hommes de la Révolution, Fleuriot-Lescot sera le dernier à monter sur l'échafaud. Tout un symbole : la fin du Paris révolutionnaire. Le désarmement du faubourg Saint-Antoine suivra. La Commune de Paris brisée, la Révolution s'arrête.

Les massacres de Septembre avaient-ils fait l'objet d'une préméditation dans le cadre de leur préparation ?

Sur les massacres de Septembre il faut lire l'étude de Frédéric Bluche. Rien ne permet de ne voir dans les massacres qu'une émotion populaire née de la vue d'un convoi de prêtres réfractaires le 2 septembre. La Commune de Paris, en la personne de Billaud-Varenne, « le rectiligne », porte la responsabilité de ces sanglants événements. Les assassins ont été payés. Sur quels fonds ? Le débat n'a jamais été tranché.

La Commune a-t-elle voulu se débarrasser des opposants retenus dans les prisons au moment où l'ennemi menaçait Paris ? Mais pourquoi tuer des prostituées ou des fous ? A-t-elle voulu seulement terroriser les royalistes sans se préoccuper de l'origine des victimes ?

La Constitution civile du clergé, la mort du Roi, la conscription contribuèrent à l'avènement d'une insurrection d'une grande ampleur en Vendée. Dans les premiers mois de la révolte, l'entreprise sembla victorieuse, les victoires se succédaient mais n'étaient pas décisives. A quoi pouvons-nous attribuer l'échec des Vendéens ?

Les causes sont diverses. Dans toute guerre révolutionnaire au XXe siècle le succès a été conditionné par l'existence d'un « sanctuaire » : la Chine dans la guerre du Vietnam, le Maroc et la Tunisie lors de l'insurrection algérienne, le Pakistan dans le cas afghan. Au XIXe, lors de la guerre menée en Espagne par Napoléon, le Portugal a joué le rôle de « sanctuaire ». Le « sanctuaire » échappe aux représailles, il constitue une base arrière. Rien de tel en Vendée. Londres n'a pas su utiliser le soulèvement contre la Révolution : alors que les insurgés cherchaient désespérément un port pour se faire ravitailler par la flotte anglaise, il eût fallu apporter un secours massif à la révolte.

L'armée catholique ne manquait pas de chefs qualifiés mais de soldats. Ceux-ci étaient des paysans qui ne pouvaient trop s'éloigner de leurs champs en raison des travaux agricoles. Appartenant à un pays de bocage, ils étaient sédentaires et surtout indisciplinés. – Aptes à la guérilla ils n'étaient pas à l'aise dans les batailles en ligne. Tant que les Vendéens n'ont eu à affronter que des gardes nationaux de petites villes, le handicap n'était pas grave. Mais face à des armées plus expérimentées, tels les « Mayençais » de Kléber, il en allait autrement.

L'arrestation des Girondins, le 2 juin 1793, entraîna de nouvelles séditions en province. En juillet 1793, près des deux tiers du pays s'étaient soulevés contre le gouvernement parisien. – Face à cette escalade, quelle fut la réaction des Montagnards ?

On a peine à comprendre comment la Convention ne fut pas emportée par l'insurrection fédéraliste. Sauf au Nord et à l'Est placés sous la menace de l'invasion austro-prussienne, partout les grandes villes se sont soulevées : Lyon, Marseille, Bordeaux, sans parler de la Corse. Les Montagnards ont su combiner démagogie et terreur. La démagogie, c'est cette Constitution de 1793, la plus démocratique de notre histoire constitutionnelle, que l'on rédigea à la hâte (Condorcet la commença, Hérault de Séchelles la termina), que l'on soumit à un référendum et que l'on enterra. En échange, on établit un gouvernement révolutionnaire dont le nom disait bien qu'il n'avait pas de légalité et on appliqua sans hésitation ni remords la Terreur. Le mot « révolutionnaire » pouvait tout couvrir.

La Terreur fut-elle la force coactive nécessaire au grand effort de guerre ?

Oui, la Terreur fut à l'origine de la victoire. N'oubliez pas que les armées révolutionnaires de l'intérieur, longtemps méconnues avant le grand travail que leur a consacré l'historien anglais Richard Cobb ne se déplaçaient pas sans une guillotine roulante. – Au front, tout général vaincu (Custine) ou ayant mal manœuvré (Houchard), en dehors de tout mérite patriotique, était aussitôt arrêté et traduit devant le Tribunal révolutionnaire. – La plupart furent guillotinés. Les représentants en mission auprès des armées étaient très redoutés des états-majors.

La répression en Vendée, organisée par les Républicains, mena-t-elle au génocide ?

On peut préférer au terme « génocide » celui de « populicide », employé d'ailleurs à l'époque par Babeuf. – Les textes montrent une volonté évidente d'éliminer le peuple vendéen. On a dressé un parallèle avec les Khmers rouges qui souhaitaient refaire « un autre homme » en éliminant « les vestiges humains du passé ». La comparaison peut être discutée. Ni Carnot, ni Barère ne sont comparables à Pol Pot. Beaucoup d'excès en Vendée sont venus du manque de sang-froid des soldats entraînés dans les représailles sur le terrain plus que d'une politique systématique d'extermination. – Ces « dérapages » se retrouvent dans toute guerre. Mais il y a des instructions et ce sont elles qui condamnent les responsables de Paris, nullement confrontés comme les Bleus aux angoisses de la guérilla.

Avec le chute de Robespierre cessa la suprématie du Comité de salut public. – Quelles furent les étapes de la pacification ?

Si la suprématie du Comité de salut public sur les autres comités et sur la Convention cesse à la chute de Robespierre, le gouvernement révolutionnaire continue à fonctionner jusqu'à la mise en application de la Constitution de 1795. Ne confondons pas par ailleurs la Terreur avec le Comité de salut public. C'est le Comité de sûreté générale qui fut responsable des arrestations et des exécutions. Ses membres ont moins retenu l'attention, en raison de leur obscurité (seuls, en dehors de David, qui en fut, hélas ! – Vadier, Amar et Lebas ont inspiré des biographies) mais ils furent très actifs, notamment dans la chute de Danton, et contribuèrent à saper l'autorité de Robespierre, en montant l'affaire Catherine Théot, cette « pythie » qui annonçait la venue d'un nouveau messie facile à confondre avec l'Incorruptible. Or le Comité de sûreté générale survit au 9 thermidor.

Il n'y a nullement pacification après l'exécution de Robespierre. Simplement, à la suite de l'échec des journées de Germinal et de Prairial, les Thermidoriens désarmèrent le faubourg Saint-Antoine. Il n'y aura plus d'insurrection partie de ce faubourg populaire. Après l'échec des royalistes le 13 vendémiaire puis le 18 fructidor, ce sont les réseaux monarchistes qui sont démantelés dans la capitale. Les Thermidoriens ont frappé à gauche puis à droite, mais sans parvenir à freiner une poussée néo-jacobine aux élections de 1798 et 1799, ni à empêcher de nouveaux soulèvements de la Vendée, du débarquement de Quiberon à l'insurrection de 1799.

Bonaparte recherche la paix intérieure. Quels moyens utilisa-t-il ?

La négociation plus que la répression, contrairement à ce qu'on a écrit. L'exécution du duc d'Enghien n'est qu'une réponse aux attentats et complots dirigés contre le premier consul. Mais Napoléon n'était pas sanguinaire.

Il a réussi à pacifier la France, mais il faut toutefois relativiser cette pacification. – Sa méthode ? Rassurer. D'un côté le premier consul rassure les profiteurs de la Révolution. On sait, après Brumaire, qu'il ne sera pas touché aux biens nationaux. – Le Concordat est probablement la plus belle réussite du Consulat : il met fin à la guerre religieuse qui avait empoisonné la Révolution. Il n'y a plus de réfractaires et de jureurs, mais des fonctionnaires nommés par le premier consul et qui reçoivent une investiture spirituelle du Pape. Les résistances venues de ce qu'on appellera la « Petite Eglise » ont été limitées. Et la pacification religieuse provoque celle de la Vendée. Certes il y a encore des coups de main mais plus de soulèvement général. – Mais l'aspect essentiel du Concordat est profane : à partir du moment où le Pape reconnaît la vente des biens d'Eglise, voilà les acquéreurs des biens nationaux rassurés. Ils en seront reconnaissants à Bonaparte. La pacification est encore renforcée dans la mesure où le Concordat enlève à Louis XVIII son atout religieux. Il le prive même de légitimité puisqu'en négociant avec Bonaparte, le Pape reconnaît son pouvoir. Il fera plus, dans le droit fil du Concordat, il viendra le sacrer à Notre-Dame. C'est énorme et l'on comprend qu'un Joseph de Maistre en soit scandalisé.

Mais d'un autre côté Bonaparte rassure les royalistes. Marqués par les souvenirs de la révolution anglaise, ceux-ci ont longtemps cru, certains jusqu'au Sacre, que Bonaparte était un nouveau Monck qui allait rétablir Charles II-Louis XVIII sur le trône. – Les chefs de la Vendée envoyés pour négocier aux Tuileries l'ont cru. Bonaparte a profité de cette ambiguïté. Puis, après le mariage avec Marie-Louise, beaucoup de nobles se sont ralliés au régime. Certains ont cru sincèrement à la fondation d'une IVe dynastie. Sous le Consulat, le ralliement avait touché une petite noblesse, généralement pauvre. Maintenant c'est la grande noblesse qui peuple les antichambres, plus au demeurant que les états-majors. On a parfois fait remarquer qu'il s'agissait de cadets de famille. Il n'en reste pas moins que dans les almanachs impériaux on relève tous les grands noms de l'Ancien Régime. Dans la maison de l'Empereur, on note en 1813, un La Rochefoucauld, un Mortemart, un Montesquiou-Fézensac, un Saint-Simon-Courtomer, un Choiseul-Praslin, un Noailles, un d'Haussonville...

Vous le voyez : Bonaparte réconcilie réfractaires et jureurs, nobles et bourgeois, nouveaux et anciens propriétaires. Encore une fois des nuances s'imposent. Mais le Consulat peut être comparé au règne d'Henri IV au sortir des guerres de Religion. Entre 1800 et 1802 surtout, le travail accompli a été remarquable. – Pour la première fois en 1802, le budget de l'Etat est officiellement en équilibre et la France en paix à l'intérieur comme à l'extérieur. – Si Bonaparte était mort alors, il serait le plus grand homme de notre histoire. Il l'est peut-être, malgré les erreurs qui suivront, aux yeux de beaucoup. Mais en 1802, sa gloire est incontestable. – Je mets le Concordat au-dessus d'Austerlitz.

Pensez-vous en définitive qu'il y ait une dimension tragique dans ces années 1789-1815 ?

Incontestablement. Tous les acteurs de cette épopée savent qu'ils mettent leur vie en jeu. – Quand les Girondins perdent la majorité à la Convention, ils n'ignorent pas que ce sera l'échafaud, il en va de même pour les Dantonistes et les Robespierristes. Généraux ou maréchaux savent que la mort les guette sur le champ de bataille : Desaix, Lannes, Duroc... Ney et Murat finissent fusillés. Le Roi lui-même n'est pas épargné.

Ce qu'il y a de remarquable, c'est que tous ces hommes savent mourir, qu'il s'agisse des Vendéens qui sacrifient leur vie pour Dieu et le Roi, des pontonniers dans l'eau glacée de la Bérézina ou de Danton qui trouve la force, comme Cadoudal après lui, de faire un mot d'esprit avant de périr. Mais j'aime surtout l'anecdote concernant Hérault de Séchelles qui emporte l'image de sa maîtresse dans la mort. On meurt en chrétien, en homme d'esprit, en héros de Plutarque, ou en voluptueux, mais on meurt avec panache. Je crois que c'est cette dimension tragique qui explique la fascination que continuent d'exercer la Révolution et l'Empire.

L'ambition

La plupart des élites de l'ancienne France, suspectes par le poids des circonstances, durent, pour échapper à la mort, prendre le chemin de l'exil ou se cacher. Derrière elles, elles laissèrent vacantes les fonctions administratives nécessaires à la cohésion du pays. « Ce rendu possible » suscita la naissance et le choc de multiples ambitions. Le législateur essaya-t-il de réguler, de codifier, dans un nouveau système, ces appétits ?

Les réformes du règne de Louis XVI tendaient à réserver à la noblesse les grands emplois et surtout les grands commandements. Or beaucoup de nobles ont émigré après le 14 juillet, par fidélité au Roi ou par élémentaire prudence. L'armée a été ainsi privée de ses cadres. Les parlements ont été supprimés, le principe de la vénalité des charges fut aboli : le monde judiciaire s'est donc ouvert. La Constitution civile du clergé a provoqué l'émigration de la majeure partie du haut clergé qui a refusé le serment. – La suppression des corporations a entraîné l'ouverture, sans exigence aucune, des professions d'avocats ou de médecins par exemple. En définitive, il y a eu un formidable appel d'air. Emplois et métiers se sont tous ouverts, sans obligation de naissance ou d'argent.

Un principe nouveau apparaît alors, celui de l'élection. Pour être juge, il faut être élu : les juges de paix le sont pour deux ans, les juges des tribunaux de districts pour six ans et ainsi de suite jusqu'aux membres du Tribunal de cassation désignés pour quatre ans par les départements, parmi les magistrats et hommes de loi ayant au moins dix ans d'exercice.

Pour les impôts, sont prévus dans chaque district des receveurs élus pour six ans et rééligibles. Toujours l'élection.

Sous la Terreur, sur proposition de Dubois-Crancé, l'élection est étendue aux officiers. Pour tous les grades sauf ceux de caporal et de général, sous-officiers et officiers seront élus par tous les militaires de la compagnie, mais ne pourrront être ainsi désignés que les sous-officiers et officiers de grade immédiatement inférieurs. La compagnie distinguait trois candidats, et sous-officiers et officiers du grade à pourvoir choisissaient le titulaire. Les caporaux étaient élus à la majorité absolue par tous les soldats ; les généraux étaient nommés par le Comité de salut public. Au demeurant, toutes ces dispositions ne furent qu'imparfaitement appliquées. Reste que les élites sont désormais choisies par élection.

Dans une époque troublée, où tout évolue, comment pouvait-on satisfaire de manière durable son ambition ?

Assurément tout va très vite entre 1789 et 1799. – Les puissants du jour sont proscrits et guillotinés le lendemain. - Prenez la liste des maires de Paris entre 1789 et 1794 : Bailly guillotiné, Pétion suicidé, Chambon inquiété en dépit d'un bref passage, Pache emprisonné,

Fleuriot-Lescot guillotiné. Il faudra savoir attendre, comme les gens de la Plaine à la Convention dont Sieyès résume l'attitude, lorsque interrogé sur ce qu'il a fait sous la Terreur, il répond : « J'ai vécu. » Mais finalement Sieyès lui-même sera exilé comme régicide sous la seconde Restauration.

En politique les ambitieux se retrouvèrent en concurrence. Concurrence qui se révéla fatale. L'ambitieux qui échoue, n'est-il pas considéré comme un « traître » ?

Sans doute pensez-vous au duel Danton-Robespierre après l'élimination de Marat par le poignard de Charlotte Corday. Danton et Robespierre étaient amis, ils deviennent rivaux à la tête de la Montagne. - Le théâtre et le cinéma ont popularisé cette rivalité. Il semble que Robespierre ait beaucoup hésité avant de précipiter la chute de Danton.

Mais Danton avait apporté son soutien aux Indulgents. L'indulgence est un beau sentiment, mais lorsqu'il s'applique aux autres. - Les Indulgents, Danton en tête, étaient tous corrompus. Leur volonté d'arrêter la Terreur les rendait suspects. Le Comité de salut public poussait à l'élimination de Danton. Robespierre s'est résigné. Danton a été facilement éliminé parce qu'il était discrédité. Tout le monde connaissait sa vénalité. Mais la chute de Danton s'est retournée contre Robespierre. Mirabeau, Danton, Hébert, Marat disparus, Robespierre n'a plus de rivaux. Il devient l'homme le plus puissant de la Convention : membre du Comité de salut public il peut s'appuyer sur le Club des Jacobins qui lui est entièrement dévoué et sur la municipalité de Paris épurée de ses éléments hébertistes. Dès lors on parle de la France de Robespierre, des armées de Robespierre, de la diplomatie de Robespierre. Jusque-là adulé pour son incorruptibilité (incontestable) Robespierre paraît sous les traits d'un ambitieux, d'un aspirant dictateur.

Au moment de monter à l'échafaud, Desmoulins aurait dit à Danton : « Si Marat avait été là, il nous aurait sauvés. » Incontestablement, la rivalité entre Danton et Robespierre eût été moins aiguë.

Par contrecoup, l'absence de rivaux donne l'impression d'une dictature de Robespierre. Or celle-ci ne doit pas être exagérée. Robespierre ne concentrait pas tous les pouvoirs. La police (malgré la création d'un bureau de police au Comité de salut public) relevait du Comité de sûreté générale, les finances étaient du domaine de Cambon, l'armée échappait à l'Incorruptible.

Danton vivant, l'impression d'une dictature de Robespierre eût été corrigée, l'ambition moins voyante. Par la suite on verra s'établir des pouvoirs collégiaux (cinq directeurs, trois consuls), alibis ou masques commodes pour les ambitieux. Nourrie d'une culture romaine, comment l'époque n'aurait-elle pas fait référence au triumvirat César-Pompée-Crassus, ce dernier n'étant pas le moins ambitieux des trois.

Bonaparte et Moreau, deux généraux aux destins si différents, étaient à côté l'un de l'autre au 18 Brumaire. Quelques années plus tard, Bonaparte accède au rang d'empereur des Français et Moreau à celui de général déchu. – Quels sont les éléments qui nous permettent de comprendre ces deux destinées ?

Le parallèle Bonaparte-Moreau a fait moins couler d'encre que l'opposition Danton-Robespierre. Il fut tout aussi passionné.

Moreau n'est pas un militaire de carrière comme Bonaparte. Il avait fait des études de droit à Rennes et entra d'abord dans la Garde nationale de cette ville avant de se porter volontaire en 1791. Il servit sous Dumouriez puis Pichegru et prit part à la conquête de la Hollande. En 1796, il remplace Pichegru à la tête de l'armée de Rhin-et-Moselle. Il remporte des victoires à Kehl, Rastadt et Neresheim. Mais qui connaît ces succès alors que nul n'ignore Lodi ou Rivoli.

La première différence entre Bonaparte et Moreau – et c'est la différence essentielle – c'est que le premier a compris le pouvoir de la presse, la propagande moderne. Il sait mettre en valeur ses victoires, les grandir, en faire parler quand Moreau se contente d'en avertir le Directoire.

Quand Moreau surprend dans le fourgon du général Klinglin, en 1797, la correspondance de Pichegru avec les émigrés, il attend le succès du coup d'État anti-royaliste du 18 fructidor pour la communiquer au Directoire. Trop de prudence le rend suspect. Bonaparte, au contraire, ayant la preuve de ces tractations de Pichegru dans le portefeuille de l'agent royaliste arrêté en Italie, le comte d'Antraigues, prévient aussitôt le Directoire (après avoir épuré les papiers de toute allusion à son cas personnel). Barras se trouve mieux armé pour faire son coup d'Etat du 18 fructidor. Plus audacieux que Moreau, Bonaparte prend un gage sur l'avenir.

Même attentisme de Moreau en brumaire. Après la mort de Joubert, Sieyès était prêt à s'appuyer pour son coup d'Etat sur Moreau. Mais celui-ci hésite. Bonaparte, lui, n'hésite pas. Lors de la journée du 19 brumaire, Moreau est réduit au rôle sans gloire de gardien des deux directeurs, Moulin et Gohier, retenus prisonniers au palais du Luxembourg.

La campagne d'Allemagne menée par Moreau est brillante et Hohenlinden est une victoire plus décisive que Marengo. Mais Moreau, au lieu d'exploiter ses succès se limite à une opposition stérile à l'égard de Bonaparte.

Lors de la grande conjuration de Cadoudal en l'an XII, il se montre hésitant, sans énergie. Il rencontre Pichegru, mais ne s'engage ni ne le dénonce. Il se voit entraîné malgré lui dans une conspiration dont il ne tire pas les fils. Arrêté le 15 février 1804 et enfermé au Temple, il ne sait pas exploiter la situation. Finalement, condamné à deux ans de prison, « comme un voleur de mouchoirs », il s'exile aux Etats-Unis. Le mouvement d'opinion en sa faveur a été très bref. Plus énergique, Bonaparte garde toujours le contrôle de la situation.

Moreau finira sans gloire, dans les rangs des ennemis de la France, même si celle-ci ne se confond pas avec Napoléon, le genou droit fracassé par un boulet à la bataille de Dresde.

Napoléon porte sur lui un jugement sévère, mettant en relief son manque d'ambition. Il dit à Las Cases : « Moreau livré à lui-même était un fort bon homme qu'il eût été facile de conduire. Il sortait du palais des Tuileries tout enchanté ; il y revenait plein de fiel et d'amertume. C'est qu'il avait sa belle-mère et sa femme. » Bonaparte n'a pas eu de chance avec les épouses des généraux qui se posèrent en rivaux de sa fortune. Désirée Clary, qui s'était mariée avec Bernadotte, ne se pardonna jamais (et ne pardonna pas à Napoléon) d'avoir refusé auparavant la main de Bonaparte, alors général sans fortune. Mademoiselle Hulot, mariée à Moreau, était soumise à l'influence de sa mère, veuve d'un trésorier général de l'Ile-de-France et qui ne songeait qu'à dresser son gendre contre Bonaparte.

Quels étaient les ressorts de l'ambition de Napoléon ?

C'est après Lodi que Bonaparte comprend qu'il est appelé à un grand destin. Jusqu'alors, il avait surtout eu le souci de nourrir sa famille. A-t-il rêvé d'édifier un vaste empire en Orient ? Madame de Rémusat lui prête les propos suivants : « En Egypte, je me trouvai débarrassé du frein d'une civilisation gênante. Je rêvais toutes choses... Je créais une religion, je me voyais sur le chemin de l'Asie, porté sur un éléphant, le turban sur ma tête et dans ma main un nouvel Alcoran que j'aurais composé à mon gré. J'aurais réuni dans mes entreprises les expériences des deux mondes, fouillant à mon profit le domaine de toutes les histoires, attaquant la puissance anglaise dans les Indes et renouant, par cette conquête, mes relations avec la vieille Europe. – Le temps que j'ai passé en Egypte a été le plus beau de ma vie car il a été le plus idéal. »

Madame de Rémusat, peu fiable, invente probablement ces propos. Mais ils ne sont pas invraisemblables. On trouve un écho identique chez Bourrienne (lui non plus pas très sûr) ; Bonaparte lui aurait dit en 1798 : « L'Europe n'est qu'une taupinière. Tout s'use ici. Il faut aller en Orient. Toutes les grandes gloires viennent de là. »

En réalité, l'expédition d' Egypte devait lui permettre tout à la fois de prendre du champ vis-à-vis d'un régime corrompu et de s'acquérir une gloire facile. On allait continuer à parler de lui. Qu'en Egypte, il ait rêvé à un empire : quoi de plus naturel. Qu'il ait songé à une grande expédition en Inde par la suite en s'appuyant sur la Russie : des preuves existent.

Mais à partir de 1810, l'ambition de Napoléon est autre. Il entend fonder la IVe dynastie appelée à régner sur la France. Il y avait eu les Mérovingiens, les Carolingiens et les Capétiens, il y aura les Bonaparte. La naissance du Roi de Rome en mars 1811 rend cette ambition légitime.

A Sainte-Hélène, il ne lui restera plus comme ambition que le jugement de la postérité. Il livre sa dernière bataille (« la dernière salve » dit Brisville) et la gagne.

L'ambition économique ne fut-elle pas l'un des facteurs de la modernisation de la vie industrielle ? Le coût humain ne fut-il pas considérable ?

L'ère des grands capitaines d'industrie s'ouvre plutôt sous la monarchie de Juillet avec les premiers effets de la Révolution industrielle... Certes, on compte sous l'Empire un Richard-Lenoir, un Oberkampf et d'autres, encouragés par Napoléon, décorés de la Légion d'honneur, sinon anoblis. Le Blocus continental assure à l'industrie française une efficace protection contre la concurrence anglaise. – Les commandes de l'Etat sont nombreuses, surtout pour le meuble et les soieries. La consommation augmente en raison de la prospérité et du développement du luxe. – Mais cette industrie reste vulnérable et la fortune de ces grands capitaines fragile. On peut pourtant parler de bourgeois « conquérants ». – L'esprit d'entreprise est surtout développé dans le domaine financier et maritime.

L'Espagne apparaît comme un champ de spéculation idéal : les Bayonnais y ont beaucoup investi à l'image d'un Jean-Baptiste Lasserre qui fait fortune à Cadix. La mer est l'autre domaine d'élection de ces ambitieux. – A Saint-Malo, Auguste Thomas monte des expéditions au Sénégal et aux Antilles, travaille en liaison avec la Hollande, l'Espagne et le Danemark. On évalue sa fortune à plus de trois millions. Mais Saint-Malo c'est surtout Robert Surcouf. On en fait trop facilement un corsaire. C'est aussi un armateur avisé qui bâtit une fortune énorme. Il est d'ailleurs servi par une chance insolente. A Rouen, Manoury édifie une fortune non moins importante comme armateur.

Certes on ne peut négliger les conséquences sociales de cet essor. – La misère ouvrière fut surtout grande sous la réaction thermidorienne dans les villes tournées vers l'industrie de luxe comme Paris ou Lyon. Le problème essentiel pendant la Révolution a été celui du pain. Il est cher et on n'en trouve pas. Ces queues à la porte des boulangeries sont plus représentatives de la Terreur que la guillotine. Déjà mal payé, quand il trouve du travail, l'ouvrier est payé de surcroît en assignats dévalués. Les Enragés ont réclamé et obtenu le maximum des prix. Mais l'impitoyable logique des Montagnards a ajouté au maximum des prix celui des salaires. Il est aisé de comprendre que le maximum des salaires a été mieux respecté que celui des prix qui a eu pour effet la rareté des marchandises vendues au prix fort au « marché noir », marché noir inaccessible pour l'ouvrier.

Avec l'avènement d'un pouvoir fort, tout change. – Napoléon a constamment veillé au maintien du prix du pain à un taux peu élevé. C'est sa première préoccupation lorsqu'il lit le bulletin quotidien de la police. – La seconde, c'est le cours de la Bourse, le meilleur indicateur de confiance dans l'avenir du régime. Par les ponctions d'hommes qu'elle entraînait, la guerre a permis de résorber le chômage. On manque de bras dans l'industrie comme dans l'agriculture. Lorsqu'on impose le port d'un livret aux ouvriers, la mesure vise surtout à éviter le débauchage que pratiquent les patrons à l'égard des ouvriers des entreprises rivales. Lorsque l'ouvrier a remis son livret au moment de l'embauche à son patron, il ne peut plus quitter ce dernier sans un motif grave. L'Empire a été une époque de plein emploi.

Dès 1802, Bonaparte désire fonder un nouveau régime. Pour y réussir, il faut, dit-il, jeter sur le sol quelques masses de granit. Qu'entendait-il par là ?

L'image des masses de granit est belle. Il faut l'expliquer. Napoléon considérait que pendant les dix années de la Révolution, tout avait été détruit, notamment lors de la nuit du 4 août 1789, la date la plus importante de ces dix années. Il lui appartenait de reconstruire. Il avait refait l'Etat. Pour la société, il se trouvait en face d'une multitude d'individus isolés, comme les grains de sable d'une plage balayée par le vent. Pour fixer le sable, il faut jeter sur le sol des masses de granit. Ces masses de granit, ce sont la Légion d'honneur, le Code civil, les lycées.

La Légion d'honneur n'est plus aujourd'hui qu'une décoration. A l'origine, il s'agissait d'une LEGION fondée sur l'honneur. Nommés à vie, ses membres étaient répartis en quinze cohortes (toujours le vocabulaire romain) ayant chacune son chef-lieu particulier et jouissant d'un revenu de 200 000 F constitué en domaines nationaux. Militaires et civils en faisaient partie. Bonaparte avait expliqué : « Si l'on distinguait les honneurs en militaires et civils, on établirait deux ordres tandis qu'il n'y a qu'une nation. Si l'on ne décernait des honneurs qu'aux militaires, cette préférence serait pire car dès lors la nation ne serait plus rien. » Bien sûr, la Légion d'honneur rappelait l'aristocratie de l'Ancien Régime. C'est à cette objection formulée par Berlier et Thibaudeau que la premier consul oppose l'idée de masses de granit, d'un système d'intermédiaires chargés de diriger le peuple pour le soustraire à l'influence des anciens privilégiés et assurer la défense des principes de la Révolution.

Eduquer est le fondement de toute société. L'autre masse de granit, ce sont les lycées. – « L'institution, dit-il, n'est pas seulement morale, elle est politique. Elle a pour but d'unir au gouvernement et la génération qui commence et la génération qui finit ; d'attacher au gouvernement les pères par les enfants et les enfants par les pères et d'établir une sorte de paternité publique. »

Dernière masse de granit : le Code civil de 1804. Mêlant le droit romain aux vieilles coutumes françaises, il jette dans une langue claire et précise les fondements du nouvel ordre social : la propriété, la famille légale sous l'autorité du père, etc. A Joséphine, Napoléon écrit en 1807 : « Je ris de ce que tu me dis que tu as pris un mari pour être avec lui ; je pensais, dans mon ignorance, que la femme était faite pour le mari, le mari pour la patrie, la famille et la gloire. » Le code est mysogine. Napoléon ne le disait-il pas à Roederer en janvier 1801 : « Il vaut mieux que les femmes travaillent de l'aiguille que de la langue. »

L'Empire s'inscrit-il dans le prolongement direct de l'édifice des « masses de granit » ?

Les masses de granit datent du Consulat, d'une époque où le pouvoir politique était encore instable. Il n'y a de pouvoir durable que dans l'hérédité. Bonaparte, rempart des conquêtes révolutionnaires que consacrait le Code civil pouvait à tout moment être assassiné, comme le confirmait le complot de Cadoudal en 1803-1804. Il fallait donc un régime héréditaire. On ne pouvait donner à Napoléon le titre de roi alors qu'on sortait de la Révolution ; on choisit celui d'empereur renvoyant à Charlemagne sur lequel on ne savait que peu de chose et qui remontait bien loin dans le temps. Empereur, Napoléon pouvait parler d'égal à égal avec le Romanov et le Habsbourg.

Mais ce titre impérial recouvrait bien des ambiguïtés. Il fut soumis à un référendum, s'assurant la sanction populaire. Mais il reçut aussi une sanction religieuse par le sacre. Napoléon était empereur mais le mot de « République » continuait à figurer sur les monnaies et on garda jusqu'en 1806 l'usage du calendrier révolutionnaire. Napoléon avait toutes les apparences d'un monarque mais l'on chantait sur son passage : « Veillons au salut de l'Empire » :

« Veillons au salut de l'Empire,
Veillons au maintien de nos droits.
Si le despotisme conspire,
Conspirons la perte des rois.
Liberté, liberté que tout mortel te rende hommage.
Tremblez, tremblez, tyrans, il faut expier vos forfaits.
Plutôt la mort que l'esclavage. »

Des titres, une cour d'un côté, des références à la Révolution de l'autre. Et si Napoléon devient un monarque héréditaire, il n'a pas d'enfant en ligne directe pour assurer sa succession. Il risque même de ne pas en avoir, Joséphine affirmant partout que « le sperme de l'Empereur, c'est de l'eau » !

Le pilier du nouvel ordre administratif n'est-il pas le préfet ?

« Mes préfets, mes évêques, mes gendarmes... » disait Napoléon. Et Vaublanc dans ses mémoires définit le préfet comme « une des institutions les plus monarchiques qu'on ait jamais imaginées ».

Sous ce nom emprunté là encore au vocabulaire de la Rome antique se cache l'intendant de l'Ancien Régime, l'agent d'une centralisation administrative commencée même avant Richelieu.

Cette centralisation était indispensable. N'oubliez pas le mot de Mirabeau peignant la France de 1789 comme « un agglomérat inconstitué de peuples désunis ». Pour briser le particularisme des anciennes provinces, on avait institué le département. A sa tête on place le préfet, investi de grands pouvoirs en tant que représentant du gouvernement. Pouvoirs d'autant plus grands que la centralisation est freinée par l'absence de communications rapides. Un ordre de Paris peut mettre une semaine à deux avant de parvenir au préfet. Mais cette position reste fragile, le préfet est révoqué facilement. Ce n'est pas une position sûre pour un ambitieux. Mais pendant le temps où il est préfet, ses pouvoirs sont immenses. Voyez le comportement de Fiévée dans la Nièvre, s'affichant avec son « mignon » Leclerq sans susciter la moindre protestation de ses administrés !

Le préfet a trois missions : l'esprit public, la conscription et l'entretien des routes. C'est sur ces trois points qu'il est jugé. La conscription va vite devenir, à partir de la guerre d'Espagne, un cauchemar pour les préfets. Les réfractaires se font de plus en plus nombreux.

Les rapports avec les maires sont également difficiles. Incroyable mais vrai : les maires, sous l'Empire, étaient fréquemment illettrés. C'est un aspect que l'on néglige. Il a fallu créer des secrétaires de mairie ambulants qui allaient assister ces maires. C'est que la fonction de maire n'était pas recherchée, sauf dans « les bonnes villes ». Aujourd'hui, une petite mairie peut être un tremplin pour gagner un siège au Conseil général, à la « Chambre des députés » ou au Sénat.

A l'époque, elle expose aux pires ennuis sans espoir de Légion d' honneur ou de considération quelconque. De nombreux maires sont assassinés sous Napoléon, pour des histoires d'impôts, de délits forestiers ou de réfractaires. On fuit une telle responsabilité. De là un recrutement désastreux. Là encore la centralisation napoléonienne a mal fonctionné.

Mais la police, elle, n'était-elle pas vigilante et active ? De quels moyens disposait-elle ?

Fouché a su créer, comme Talleyrand d'ailleurs, sa propre légende, celle du policier modèle. Une police efficace est une police qui fait croire qu'elle est efficace. Redoutée, elle dissuade sans avoir à réprimer. C'est ce qu'a réussi Fouché. Lui-même s'est composé un personnage. Nodier en donne une étonnante description dans ses *Souvenirs de la Révolution et de l'Empire* :

« J'ai souvent raconté au duc d'Otrante des événements flatteurs et inespérés. J'étais près de lui et seul avec lui à l'arrivée de plus d'un message de doléances et je n'ai jamais vu se démentir d'un clin d'œil l'impassible immobilité de ses yeux de verre. – Je me demandais par quelle incroyable opération de la volonté on pouvait parvenir à éteindre son âme, à dérober à la prunelle sa transparence animée, à faire rentrer le regard dans un invisible étui, comme l'ongle rétractile des chats. Ce devait être l'objet d'une étrange étude. »

Fouché sut donner à la police impériale une organisation efficace. La France était divisée en quatre arrondissements confiés à des conseillers d'Etat. Le premier englobait le Nord, l'Ouest et l'Est (c'était le plus important), le deuxième le Midi, le troisième Paris (la préfecture de police) et le quatrième les départements italiens. Toute une hiérarchie de directeurs généraux, de commissaires généraux, de commissaires spéciaux était établie dans les grandes villes, les villes-frontières, les ports...

La police secrète comprenait de nombreux agents. – Les comptes de cette police ont été conservés, mais les agents sont désignés sous des numéros et des lettres. L'absence de grille rend l'identification impossible.

N'exagérons pas toutefois l'importance de la police. Certes elle pénétrait partout mais s'arrêtait par exemple à la porte de l'Université. L'article 157 de la loi du 15 novembre 1811 prévoyait en effet qu'en dehors de ces trois cas : flagrant délit, incendie ou secours réclamé de l'intérieur des établissements universitaires, aucun policier n'avait le droit de s'introduire dans ces bâtiments sauf autorisation spéciale délivrée par le Conseil de l'Université. Un souvenir de l'Ancien Régime.

Ce qui a paralysé la police impériale, c'est la multiplication des polices parallèles. Pasquier devenu préfet de police s'en plaint dans ses mémoires et les énumère : la police de la préfecture, celle du ministre, celle du commandant militaire de la division et de la place, celle du Grand Maréchal du Palais, celle du commandant de service de la Garde impériale, la police du commandant général de la gendarmerie et les correspondants secrets en liaison directe avec Napoléon (Fiévée, Madame de Genlis, Montgaillard, Montlosier, etc.). – Cette espionnite perpétuelle a fait croire à l'efficacité d'une police en réalité paralysée par ses rivalités.

Il faut ajouter que Fouché a fait un usage modéré de ses pouvoirs. Rien à voir avec un Himmler ou un Beria. Il ne fut pas un chef de la police sanguinaire ou sadique. Il ménagea beaucoup les Royalistes comme les Jacobins. Il chercha à étouffer certaines affaires (la « conspiration des pots de beurre » où était impliqué Bernadotte, la première affaire Malet en 1808). Mais il dut compter avec le préfet de police Dubois qui faisait du zèle. La préfecture de police avait un personnel remarquable : le poète Piis, le géographe Boucheseiche, l'ancien imprimeur Bertrand, Beffara qui fut historien de l'Opéra. Ces intellectuels étaient entrés dans la police, faute de mieux, en ces temps troublés, mais ils lui ont donné un « ton » qui explique la fascination qu'exerce encore aujourd'hui la police de Napoléon.

Vidocq ou Schulmeister furent-ils les héros de cette police ?

Ils ont été popularisés aujourd'hui par des feuilletons télévisés. Sous l'Empire, leur notoriété est nulle.

Prenons Vidocq. Le chef de la deuxième division de la préfecture de police, un homme remarquable, Henry, l'un des premiers policiers à procéder par déduction (il a inspiré à Alexandre Dumas le Jackal des *Mohicans de Paris*) constatait l'inefficacité de ses limiers dans la lutte contre les criminels.

Vidocq, un forçat en rupture de ban, soucieux de se racheter, lui a proposé ses services. Henry a compris le parti qu'il pouvait en tirer. Vidocq est devenu un mouton ou un agent provocateur qui a permis l'arrestation de malfaiteurs qui avaient échappé jusque-là à la police. Il a fini par avoir « pignon sur rue » en devenant chef de la Sûreté. Mais Pasquier, dans ses mémoires, note toutefois que « cette confiance accordée avec tant d'abandon à un homme condamné a beaucoup contribué à déconsidérer la police ». Toutefois Vidocq n'est pas connu du public sous l'Empire : c'est un agent secret. – Ce sont ses mémoires parus en 1828, qui ont frappé l'opinion et inspiré alors Hugo avec le personnage de Jean Valjean et Balzac pour Vautrin.

Quant à Schulmeister, il laisse bien des questions sans réponse. A-t-il joué le rôle capital qui lui a été attribué dans la reddition d'Ulm ? Quelle était sa fonction exacte auprès de Savary en 1807 ? D'où vient sa renommée que n'atteste aucun document sérieux ?

Cadet de Gassicourt affirme dans ses souvenirs de la campagne de 1809 que vingt officiers supérieurs lui ont confirmé la réalité des exploits de Schulmeister lors de cette campagne. Il est vrai que le propre d'un agent secret, c'est de le rester.

Pour constituer l'Empire, Napoléon ne tentera-t-il pas d'établir un nouvel ordre hiérarchique ?

La société de l'Ancien Régime reposait sur la division en ordres : ceux qui prient : le Clergé ; ceux qui combattent : la Noblesse ; ceux qui travaillent : le Tiers Etat. Jusqu'au règne de Louis XVI, l'ascension sociale était possible et un ambitieux pouvait espérer entrer dans l'un des deux ordres privilégiés et être anobli. Il y a eu réaction sous Louis XVI et beaucoup d'ambitieux ont vu leurs espoirs ruinés. La nuit du 4 août a fait table rase des trois ordres au nom de l'égalité.

Mais l'égalité n'exclut pas la hiérarchie. Napoléon a reconstitué une noblesse, mais celle-ci, dépourvue de privilèges, se voulait ouverte aux talents et au mérite. Il y mêle anciens nobles et bourgeois enrichis répondant par là au vœu de Sieyès dans sa fameuse brochure : *Qu'est-ce que le Tiers Etat ?* Napoléon souhaitait favoriser ainsi l'ascension sociale d'hommes nouveaux. Mais il ne pouvait trop ouvrir les rangs de cette noblesse. De 1808 à 1814 on compte 3 263 anoblissements, soit un pour 10 000 citoyens (la proportion de nobles était de sept pour 1 000 en 1789).

Qui entre dans la noblesse ?

Les militaires pour 59 %. C'est sur les champs de bataille que se décident les fortunes et les carrières. Comment s'en étonner ? Ce sont ensuite les responsabilités administratives que consacre cette réussite sociale : on compte 22 % de hauts fonctionnaires (dont bien sûr et surtout le Conseil d'Etat). – Il y a ensuite 17 % de notables membres des collèges électoraux ou maires de grandes villes. Banquiers et négociants ne viennent qu'ensuite et dans un pourcentage très réduit. Napoléon se méfiait d'eux. Le Conseil du Sceau qui examinait les demandes d'anoblissement a pris grand soin d'écarter les spéculateurs et tout particulièrement les acquéreurs de biens nationaux. Les fortunes trop récentes sont tenues en suspicion.

Le talent littéraire et artistique n'est pas reconnu. – Il vaut mieux entrer au Conseil d'Etat qu'à l'Institut. On est surpris de constater que ni Méhul, ni Chateaubriand, ni Gros (il ne sera baron que plus tard) n'entrent dans la noblesse d'Empire. Et David n'est que chevalier !

Dans les nouvelles conditions politiques imposées par l'Empereur, qu'advint-il des assemblées ?

Un ambitieux n'a guère intérêt à rêver de devenir député. Seul le Sénat anoblit mais c'est une assemblée en léthargie. Le Tribunat a été supprimé en 1807 ; les plus chanceux parmi ses membres entreront à la Cour des comptes alors créée.

Quant au Corps législatif, après quelques velléités d'opposition sous le Consulat, il s'endort sous les présidences de Fontanes de 1804 à 1809 puis de Montesquiou de 1810 à 1813. La durée des sessions est raccourcie et le nombre des projets de loi qui lui sont soumis diminue sensiblement.

Puis, en 1813, c'est le réveil. Napoléon convoque le Corps législatif en décembre pour lui soumettre les résultats des négociations de Francfort avec les Coalisés. – A-t-il cru à un soutien inconditionnel ? Le Corps législatif désigna une commission de cinq membres (Raynouard, Lainé, Gallois, Flaugergues et le philosophe Mainc de Biran) qui conclut en réclamant « le libre exercice des droits politiques » du Corps législatif. L'assemblée est aussitôt ajournée.

Les assemblées vont prendre leur revanche du dédain dans lequel elles étaient tenues en 1814. – Le Conseil municipal de Paris donne le signal le 1er avril

1814 en appelant de ses vœux le retour de Louis XVIII (M. Michel Fleury a admirablement analysé les motivations des Conseillers). Le Sénat se réveille le 2 (Talleyrand y est pour beaucoup) en prononçant la déchéance de l'Empereur, décision qu'il motive le 3 par de longs considérants où il découvre – un peu tard – que Napoléon a violé à plusieurs reprises la Constitution. Le Corps législatif n'était pas en session, mais soixante-dix-sept législateurs, réunis à la hâte, se rallièrent à la décision du Sénat proclamant la déchéance de Napoléon. 1814 voit la revanche des assemblées. La monarchie constitutionnelle devra accepter l'avènement du régime parlementaire.

Malgré le principe de la séparation des pouvoirs, Napoléon sera tenté d'intervenir dans la décision des juges. A quelles occasions cette pression se manifesta-t-elle ?

Les juges achetaient leur charge sous l'Ancien Régime ; sous la Révolution ils sont élus. Avec le régime consulaire, ils sont nommés. – Le gouvernement a donc prise sur eux. C'est une nouveauté. En principe les magistrats étaient inamovibles. En fait le sénatus-consulte du 12 octobre 1807 décida qu'à l'avenir ils ne deviendraient inamovibles qu'après cinq ans d'exercice. Ce sénatus-consulte fournit un prétexte à une épuration. Les procureurs généraux présentèrent des rapports sur chaque juge. Une commission sénatoriale, chargée d'examiner les dossiers proposa 170 révocations ; finalement 68 magistrats furent destitués. La pression ne cessa pas pour autant : censure, réprimandes, suspensions furent prononcées par les tribunaux eux-mêmes contre certains de leurs membres sur requête des commissaires du gouvernement.

Il n'en demeure pas moins qu'un jeune ambitieux avait intérêt, à défaut des armes, à choisir la magistrature ou la fonction publique.

La gloire

La guerre contre l'Autriche, voulue par la Révolution, répondait-elle à des nécessités impérieuses ou se fondait-elle sur des critères idéologiques ?

C'est en effet l'Assemblée législative qui a pris l'initiative de la guerre contre l'Autriche. Etonnante évolution par rapport à la Constituante qui avait voté le décret du 22 mai 1790 dont l'article 4 déclarait que « la Nation française renonce à entreprendre aucune guerre dans la vue de faire des conquêtes et qu'elle n'emploiera jamais ses forces contre la liberté d'aucun peuple ». On a pu dire que la Constituante déclarait la paix au monde. La Constitution de 1791 reprit à son titre VI l'article du décret du 22 mai 1790.

La vision d'une paix perpétuelle ne pouvait qu'être utopique. Les premiers froissements sont venus du voisin allemand, ou plutôt des voisins allemands puisque l'Allemagne avait été morcelée lors des traités de Westphalie. La suppression du régime féodal en Alsace touchait les intérêts des princes allemands dont les domaines s'étendaient sur la rive gauche du Rhin. L'Alsace avait envoyé des députés aux Etats généraux et se trouvait liée aux décisions prises dans la nuit du 4 août. L'affaire fut confiée à un juriste étonnant, un personnage clef des années 1789-1815, Merlin de Douai. Il fit considérer par l'assemblée au nom « des droits sacrés et inaliénables des nations » (c'est un nouveau droit international qui naît) que les fiefs régaliens d'Alsace n'étaient que des propriétés privées soumises à la souveraineté française et que les prétentions des princes ne reposaient que sur des contrats « fruits des erreurs des rois et des ruses de leurs ministres ».

Ce contentieux fut le point de départ de la guerre avec l'Autriche dont l'empereur, comme chef du Saint Empire romain germanique, ne pouvait que prendre la défense des princes possessionnés d'Alsace.

S'y ajouta le problème des émigrés français qui avaient formé plusieurs armées sur le Rhin. Mais le problème aurait plus facilement pu se régler.

En France, ce sont les Girondins qui ont voulu la guerre. Par vanité : ils étaient convaincus de la gagner et d'en tirer une grande gloire. Par conviction : la guerre propagerait plus efficacement les principes révolutionnaires que les proclamations ou les déclarations les plus généreuses. Par tactique : la guerre souderait le peuple français autour de ses dirigeants révolutionnaires et forcerait le Roi à prendre parti pour ou contre la Nation. Dans un discours du 16 décembre 1791, Brissot livre le fond de la pensée girondine : « A un peuple qui a conquis sa liberté après douze siècles d'esclavage, il faut la guerre pour la consolider, il la faut pour l'éprouver, il la faut pour faire voir qu'il en est digne ; il la faut pour faire disparaître de son sein les hommes qui pourraient encore le corrompre. » Le mot d'ordre de cette guerre est résumé par la fameuse formule lancée par un Girondin : « Guerre aux châteaux, paix aux chaumières. » La France fait la guerre aux rois et non aux peuples. On espérait que ceux-ci se soulèveraient en sa faveur.

A droite, la Cour souhaitait la guerre. Bien informée elle savait la France mal préparée à affronter l'Europe. De la défaite sortiraient le renversement de la Constitution et le rétablissement de l'Ancien Régime. Et de toute façon des victoires françaises ne pourraient que consolider la popularité et le prestige du Roi.

Seuls Robespierre, qui redoutait une dictature militaire (il pensait à La Fayette) et certains ministres feuillants plutôt frileux, redoutaient les conséquences d'un conflit avec l'Europe.

Cette Europe se résignait quant à elle à la guerre après avoir considéré avec indifférence les événements qui secouaient la France. Les chancelleries étaient alors absorbées par le partage de la Pologne et l'éventuel démembrement de l'Empire ottoman. Un affaiblissement de la France n'était pas pour leur déplaire. Mais l'annexion par la France d'Avignon, en insurrection contre le pape, avait suscité des inquiétudes. Vienne et Berlin avaient opéré un rapprochement qu'ont ignoré ou sous-estimé les députés de la Législative.

Finalement celle-ci, prenant comme prétexte les rassemblements armés d'émigrés, a choisi, à une écrasante majorité, le 20 avril 1792, la guerre au milieu des transports d'enthousiasme. Le décret qui fut rédigé rappelait celui du 22 mai, mais précisait : « La guerre qu'elle est forcée de soutenir n'est point une guerre de nation à nation, mais la juste défense d'un peuple libre contre l'injuste agression d'un roi (le roi de Bohême et de Hongrie, ainsi désigné pour éviter une guerre avec le Saint Empire romain germanique). »

Quelle fut l'issue des premières confrontations militaires ?

Désastreuse. Malgré le plan très habile de Dumouriez qui avait proposé de frapper les Autrichiens en Belgique, facile à envahir et qui venait de se soulever, l'offensive française a tourné court. Pourquoi ? Parce que la France n'avait nullement préparé cette offensive. « Je ne puis concevoir comment on a pu déclarer la guerre en n'étant prêt sur rien », avoue La Fayette le 6 mai 1792. On découvre dès le 28 avril l'insuffisance numérique de l'armée, le manque de cadres dû à l'émigration de nombreux officiers, ce qui entraîne un relâchement de la discipline, et enfin le caractère hétérogène du recrutement où soldats de métier et volontaires se supportent mal.

On en arrive au massacre « ubuesque » du général Dillon par ses propres troupes et à une débâcle générale sur la frontière du Nord. « Ce n'est pas avec des adresses, des pétitions, des fêtes et des chansons qu'on résiste à des troupes aguerries, disciplinées, faites à la tactique et commandées par d'excellents officiers », observe un témoin de cette débâcle.

Ce qui a sauvé la Révolution, ce sont les affaires de Pologne. La Russie et la Prusse étaient surtout préoccupées par l'éventualité d'un nouveau partage du pays. De là une certaine passivité de la Prusse (très sensible à Valmy) et l'abstention de la Russie.

Et l'Angleterre ? Si les buts des Autrichiens et des Prussiens sont clairs : se prémunir plutôt contre l'extension de la Révolution française que de sauver Louis XVI, quel jeu joue Londres ?

La Législative avait escompté l'appui ou tout au moins la neutralité de l'Angleterre. C'est dans ce sens que fut envoyé deux fois Talleyrand à Londres. Pourquoi Talleyrand ? Parce qu'il avait été ami de Pitt dans son adolescence. Mais Talleyrand a échoué et a finalement choisi d'émigrer.

L'Angleterre ne s'est vraiment animée que lorsque les Français ont conquis la Belgique. On ne lit plus Albert Sorel et c'est un tort. Dans *L'Europe et la Révolution française*, il écrit : « L'Angleterre est une île marchande. Toute sa politique résulte de ce fait. Les Anglais ne peuvent s'agrandir que par les colonies : ils produisent plus qu'ils ne consomment, il leur faut des débouchés. L'Angleterre n'admet point que la France partage avec elle la domination des mers, l'empire des colonies et le commerce du monde ; de là son opposition implacable à toute combinaison qui, étendant les côtes de la France en Europe, lui ouvrirait de nouvelles sorties sur l'Océan. Elle entend se réserver l'approvisionnement de l'Allemagne, elle ne permet point surtout que les Français s'établissent à Anvers : de là sa résolution systématique de ne jamais tolérer la réunion à la France de la Belgique et de la rive gauche du Rhin. »

Or ce seront les premières conquêtes, avec la Savoie, de la Révolution. Dès lors une guerre implacable est engagée entre les deux pays. Talleyrand énumère les raisons qui pourraient y mettre fin dans un mémoire qu'il envoie de Londres à Danton en 1792 ; la France dans ses limites de 1789 (donc renonçant à la Belgique) et un traité de commerce. Londres parviendra à ses fins : en 1814, la France est ramenée à ses anciennes frontières ; en 1840, elle doit renoncer à l'Egypte ; en 1860 elle signe un traité de commerce avec l'Angleterre. Dès lors c'est « l'entente cordiale ».

Quand pouvons-nous observer une accélération du processus impérialiste français ?

Après Valmy qui sauve Paris, mais surtout après Jemmapes qui assure la conquête de la Belgique : Mons, Bruxelles, Liège, Anvers tombent facilement. Dès lors se pose le problème de l'avenir de la Belgique. Dumouriez avait lancé en entrant en Belgique une habile proclamation : « Brave nation belge, nous entrons sur votre territoire pour vous aider à planter l'arbre de la Liberté, sans nous mêler en rien à la constitution que vous voudrez adopter ! Pourvu que vous adoptiez la souveraineté du peuple et que vous renonciez à vivre sous des despotes quelconques, nous serons vos frères, vos amis, vos soutiens... »

Mais la Belgique était riche et constituait une proie tentante. Dumouriez voulait qu'on respectât son autonomie, que l'on en fît une alliée. Mais les spéculateurs sont arrivés à la suite de Danton (qui donna le signal des pillages). Et Cambon, louchant sur les biens du clergé et des principautés n'hésite pas à déclarer : « Le salut de la République est dans la Belgique. Ce n'est que par l'union de ce riche pays à la France que nous pourrons rétablir nos finances et continuer la guerre. »

Grégoire, se découvrant une âme de jésuite, ose dire : « Nous avons juré : point de conquêtes, mais si des peuples renfermés dans les bornes de la République française (comprenons ses frontières naturelles, dont le Rhin) désirent l'affiliation politique, ne devons-nous pas les recevoir ? » Or rien n'est plus facile que d'organiser un mouvement de ce genre.

Après la Savoie c'est donc au tour de la Belgique d'être annexée, puis la rive gauche du Rhin. Une justification a été avancée par Grégoire : « les bornes de la République », c'est-à-dire les frontières naturelles de la

France. Une nation c'est un passé et une langue, mais c'est aussi un territoire. On fait remonter l'idée des frontières naturelles à Richelieu, mais on ne prête qu'aux riches. L'idée est développée par Danton et Brissot sans états d'âme. La France est enfermée dans des barrières naturelles qui sont l'Océan, le Rhin, les Alpes, et les Pyrénées. Ce postulat devient le fondement de la politique étrangère de la Révolution. Le Directoire y ajoutera le glacis protecteur des Républiques sœurs.

Y a-t-il une exaltation des victoires de la Révolution ?

Les révolutionnaires se sont toujours méfiés des généraux. Ceux-ci sont rapidement flanqués de représentants en mission. L'un des plus redoutables fut Saint-Just, artisan probable des victoires de Landau et de Fleurus mais dont il ne tire pas profit.

On serait tenté de dire que les hommes de la Révolution sont plus à l'aise dans la défaite, lorsqu'ils proclament la patrie en danger. Et alors malheur aux généraux vaincus. Custine avait été épargné après ses premières défaites qu'il attribua au ministère de la Guerre. Il crut pouvoir mener une politique personnelle (a-t-il, dans la défaite, traité avec les Austro-Prussiens ?). Mais dénoncé par Hébert, il fut arrêté lors d'un passage à Paris et guillotiné.

Même sort pour Beauharnais qui s'était pourtant retiré à La Ferté-Imbault. Auteur d'une calamiteuse retraite en juin 1792 comme commandant de l'armée du Nord et accusé de complicité avec La Fayette, Luckner fut exécuté en janvier 1794. Et pourtant Rouget de Lisle lui avait dédié son chant de l'armée du Rhin, *La Marseillaise.* Houchard avait remporté une belle victoire à Hondschoote, mais il avait des talents militaires limités, et il ne sut pas exploiter son succès : guillotiné en novembre 1793. Hoche qui commanda en chef les armées de Moselle et du Rhin échappa de peu au même sort. Il fut emprisonné aux Carmes en avril 1794. Rouget de Lisle est arrêté à deux reprises. Il ne fait pas bon être officier sous la Révolution. Bonaparte lui-même eut des ennuis après la chute de Robespierre et Pichegru fut déporté à l'issue du coup d'Etat du 18 fructidor : mais là ne jouent que des motifs politiques.

Mais il y avait des récompenses.

Rossignol par exemple, à l'armée de l'Ouest reçut le titre de « fils aîné de la patrie ». Pour les décorations, rappelons que la loi du 6 août 1791 supprima les décorations. Toutefois la croix de Saint-Louis fut maintenue pour les militaires et on en attribua jusqu'au 10 août ! Après, elles disparurent. La Convention décréta que des récompenses seraient décernées aux citoyens qui auraient servi avec éclat la patrie. Il devait s'agir de couronnes, de statues, de funérailles nationales. Pour Dampierre, sur décision du 11 mai 1793, le nom fut inscrit sur une colonne élevée dans le Panthéon. Suivirent : Haxo, Dagobert, Mirabel, Dugommier... Après la mort de Marceau fut élevée une pyramide en son honneur. Un monument fut érigé à Joubert à Bourg-en-Bresse.

Aux vivants étaient réservées des lettres de félicitations. Sous le Directoire on distribue des armes d'honneur. C'est ce que fait Bonaparte à l'armée d'Italie avec des sabres à lame de Damas et monture dorée, où étaient inscrits sur un côté de la lame : « Armée d'Italie, division de... Donné de la part du Directoire exécutif de la République française par le général Bonaparte au citoyen..., le... An de... la République. » Sur l'autre côté de la lame, on lisait en lettres d'or : « Liberté, République française, Egalité. »

Ainsi suscitait-on l'émulation, l'attrait de la gloire, sans porter atteinte à l'esprit républicain et à l'égalité.

Comment s'établissaient les rapports entre généraux et soldats ?

Comme l'a bien souligné Jean-Paul Bertaud, il faut distinguer les armées opérant en France de celles qui stationnèrent ou combattirent en Allemagne et en Italie. Lorsqu'une armée évolue sur une terre étrangère, une forte solidarité noue les hommes entre eux et ils font une confiance totale à leur chef. A l'approche du 18 fructidor, Hoche peut faire manœuvrer son armée de Sambre-et-Meuse comme il l'entend. Pichegru a longtemps compté sur l'armée de Rhin-et-Moselle pour renverser le Directoire. L'armée d'Italie fait bloc autour de Bonaparte. Il y aura des rivalités d'état-major entre les anciens de l'armée d'Italie et ceux de l'armée d'Allemagne de Moreau. On retrouvera cette rivalité beaucoup plus tard entre les officiers ayant servi Leclerc et ceux de De Lattre de Tassigny.

La campagne d'Italie marque-t-elle un tournant dans l'histoire militaire de la Révolution ?

Incontestablement. Pour la première fois un général donne du retentissement à ses victoires à travers proclamations, bulletins et journaux qu'il fonde avec l'argent de son butin. Certes on parlait de Hoche, de Marceau, de Pichegru, mais Bonaparte s'affranchit très vite de tout contrôle et de toute retenue, pour mener une politique personnelle. Cette politique s'affirme à partir de Lodi, elle est fondée sur le prestige.

« Après Lodi, dira plus tard Bonaparte, je me regardai non plus comme un simple général mais comme un homme appelé à influer sur le sort d'un peuple. Il me vint l'idée que je pourrai bien devenir un acteur décisif sur notre scène politique. Alors naquit la première étincelle de la haute ambition. »

Les coups d'Etat du Directoire vont donner des idées à d'autres généraux, Joubert, Augereau, Bernadotte surtout.

Pourquoi le Directoire entreprit-il, en décembre 1796, une expédition en Irlande ?

L'Irlande était le talon d'Achille de l'Angleterre. Lors de la rupture avec Londres en 1793, Kersaint avait parlé d'une attaque en Irlande. C'était « la Vendée de l'Angleterre », disait-on, et l'on exaltait à Paris Wolf Tone.

C'est à Hoche, promu général en chef des troupes des côtes de l'Océan que revint le commandement de l'expédition. Il partit avec Morard de Galles de Brest, le 16 décembre 1796. L'expédition comprenait quinze vaisseaux, vingt frégates, cinquante navires de transport. La tempête eut raison de cette tentative mal préparée. C'était folie que de partir ainsi, en hiver. Hoche n'avait aucun sens de la mer.

Le Directoire va pourtant reprendre le projet mais finalement lui préférer l'Egypte. Pour quelles raisons ?

A priori une expédition en Irlande semblait moins folle qu'en Egypte pour vaincre l'Angleterre. Au retour d'Italie, Bonaparte eut des contacts avec Wolf Tone, le patriote irlandais. L'impression de part et d'autre fut mauvaise. Bonaparte ne croyait pas à un débarquement en Angleterre ou en Irlande. Il fit en février 1798 une tournée d'inspection des côtes : Boulogne, Calais, Dunkerque, Anvers. Il revint convaincu de l'impossibilité d'une descente.

C'est alors qu'il eut un entretien avec Talleyrand au sujet de l'Egypte. Celui-ci dans un retentissant mémoire présenté le 3 juillet 1797 devant l'Institut avait suggéré de faire de l'Egypte une colonie française qui remplacerait les Antilles et assurerait à la France le coton et le sucre de canne. L'idée reprise par Bonaparte visait à couper dans un premier temps la route des Indes par laquelle l'Angleterre importait une partie de ses denrées coloniales.

Toutefois ce projet paraissait absurde. Attaquer un pays lointain avec lequel la France n'était pas en guerre et auquel elle ne déclara pas la guerre sous prétexte de combattre les Anglais qui n'y étaient point établis, voilà qui ne peut qu'étonner. Rassembler deux cents navires et y mettre les meilleurs généraux de la République (Bonaparte, Kléber, Desaix, Lannes, Davout, Murat, Menou, Caffarelli...) les meilleurs soldats (35 000 hommes !) et les plus grands savants (Monge, Berthollet, Dolomieu, Geoffroy Saint-Hilaire) pour les lancer sur la Méditerranée que contrôlait la flotte anglaise, les exposant à être tous coulés, relève de la folie ou du suicide. Et pourtant cette flotte a échappé à Nelson.

Alors que l'expédition quittait Toulon, le 19 mai 1798, à 75 milles de là, une tempête arrachait la voilure avant du *Vanguard*, le vaisseau de Nelson. Ce retard sauva Bonaparte. Quand Nelson se présenta devant Toulon, la rade était vide. Il fila à la recherche des Français en Corse, à l'île d'Elbe, à Naples. Le 23 juin, les deux flottes se sont frôlées, à mi-distance entre Malte et la Crète. Mais Nelson allait trop vite et n'était éclairé que par un brick. Nouveau miracle. Mais il n'y en aura pas à Aboukir le 2 août. Nelson tient sa revanche et coule la flotte française. Voilà, ce qui était prévisible, Bonaparte prisonnier de sa conquête.

Alors pourquoi cette folie ? Personne n'était dupe. Il s'agissait d'une opération de politique intérieure.

Auréolé de la gloire acquise en Italie, Bonaparte a songé à renverser le Directoire. Mais il a vite compris que c'était trop tôt. Il aurait confié à Bourrienne : « Il faudrait les renverser et me faire roi, mais il n'y faut pas songer encore. » Bonaparte n'ignore pas que la gloire est éphémère. S'il ne fait rien, ses victoires de l'Italie seront vite oubliées. Il faut qu'il continue à faire parler de lui. L'expédition d'Egypte ne semble pas présenter les difficultés de celle d'Irlande avec un peu de chance. Et combattre à l'ombre des Pyramides ne peut qu'assurer un surcroît de prestige. Il ne pense pas ébranler sérieusement à court terme le gouvernement britannique, mais éblouir la France par de nouveaux exploits et prendre du champ en laissant le Directoire se discréditer chaque jour un peu plus.

Dans cette recherche de prestige, il se sert de l'Institut auquel il appartient. Il introduit des préoccupations scientifiques. L'expédition doit s'inscrire dans la grande lignée des voyages d'exploration du XVIIIe siècle. De là la présence d'une commission des sciences et des arts. Bonaparte reviendra en France quand le fruit sera mûr et prêt à être cueilli.

De son côté le Directoire, Barras en tête, voit d'un œil favorable s'éloigner un général encombrant. On peut espérer que le poignard d'un musulman fanatique, à l'ombre des palmiers, en débarrassera la République. Certes le Directoire s'affaiblit au moment où la guerre risque de reprendre sur le continent mais d'autres généraux sont prêts à prendre la relève : Bernadotte, Jourdan, Augereau, Moreau, Joubert...

En réalité l'expédition d'Egypte, derrière son absurdité, dissimulait des calculs de politique intérieure. Les membres de l'expédition n'en furent pas dupes. Bernoyer, chef de l'atelier d'habillement, note, le 7 juillet 1798 : « Je me suis informé de ce que notre gouvernement escomptait en envoyant une armée s'établir dans les Etats du Grand Seigneur (le sultan de Constantinople), sans aucune déclaration de guerre, ni motif à la lui déclarer. Il suffit, m'a-t-on dit d'avoir un peu de sagacité. Bonaparte par son génie et par les victoires qu'il a remportées avec une armée devenue invincible, avait trop d'influence en France. Il était une gêne pour ne pas dire un obstacle à ceux qui détiennent les rênes du pouvoir. Ces derniers pour assurer leur autorité, ont cherché à se débarrasser du seul homme qu'ils craignaient. Dans ces conditions, il semblait en effet que l'expédition trouvait une explication dans la politique intérieure de la France. Je n'ai pas pu déceler d'autres causes. » Sur un point toutefois, Bernoyer se trompe : Bonaparte fut une victime très consentante de la manœuvre.

De retour d'Egypte, Bonaparte s'empara du pouvoir et s'adjugea la fonction de premier consul. Une gravure de 1802 le représente avec l'inscription : « En deux ans, il réunit tous les partis, vainquit et pacifia l'Europe. » Cette évocation est-elle seulement une image d'Epinal ?

L'imagerie a beaucoup servi Bonaparte et notamment celle relative à l'expédition d'Egypte. Lamartine dans ses Mémoires confesse que les images que vendait un colporteur, dans son enfance, sur cette expédition l'ont fait rêver, sans le rendre toutefois bonapartiste. Mais la légende de 1802 n'est pas fausse. Bonaparte est alors au sommet de sa gloire. Il a assuré la pacification intérieure de la France, en la purgeant du brigandage ; il a mis fin à la guerre de Vendée et terminé les querelles religieuses par le Concordat. Sur le plan extérieur, la France est pour la première fois en paix depuis dix ans. Le Traité d'Amiens met un terme (provisoire) au conflit franco-anglais. Par ce traité, la France retrouve ses anciennes colonies. Sur le continent, le Recès de 1803, remaniement territorial de la carte de l'Allemagne, va confirmer son influence sur l'Allemagne du Sud : Bavière, Bade, Wurtemberg. L'emprise sur l'Italie du Nord est forte avec Milan comme capitale de la République italienne. La Suisse et la Hollande sont plus que des alliées pour la France.

On voit s'esquisser l'édification du Grand Empire. Quelles en furent les étapes ?

Le Grand Empire continue en réalité la Grande Nation. On parle d'ailleurs en 1805 de Troisième Coalition européenne contre la France, marquant ainsi la continuité avec les guerres de la Révolution.

En 1807, l'Empire riche déjà de 122 départements vient de connaître un apogée à Tilsit. L'Empereur a pour allié le Tsar de Russie, il a vaincu l'Autriche et détruit la Prusse. Toute l'Italie lui est soumise : royaume d'Italie au Nord, royaume de Naples confié à Murat au Sud. Napoléon est protecteur de la Confédération du Rhin, dont dépend le Duché de Varsovie, et médiateur de la Confédération Helvétique. Son frère Louis règne en Hollande, son frère Jérôme au cœur de l'Allemagne, dans le royaume de Westphalie. La nouveauté, par rapport au système des républiques sœurs de l'époque précédente, va être le franchissement des Pyrénées : Joseph est installé à Madrid. Mais fidèle à la politique des glacis héritée du Directoire ou, si vous préférez, au concept carolingien des marches, Napoléon n'annexe que peu. « J'ai assez du Rhin », dit-il et un sénatus-consulte déclare la France « assez grande ».

Napoléon peut alors considérer que la Grande Armée est le garant invincible de cet empire. A quoi ses victoires sont-elles dues ?

Essentiellement au génie de Napoléon. Un génie qui apparenterait plus l'Empereur au joueur de poker qu'au champion d'échecs. L'exemple le plus frappant est Austerlitz. Napoléon est dans une situation difficile : trop éloigné de ses bases, il a en face de lui un adversaire supérieur en nombre et solidement retranché sur le plateau de Pratzen. Il ne peut vaincre qu'en acculant l'adversaire à la faute et en allant vite car les forces austro-russes attendent de nouveaux renforts. Napoléon tend un piège à l'ennemi. Il dégarnit son aile droite commandée par Davout, feignant de commettre une erreur grossière et amorce un mouvement de retraite pour mieux exciter l'adversaire. L'entourage des empereurs Alexandre Ier et François II prend la décision de venir attaquer l'aile droite du dispositif français. Pour cela on dégarnit le plateau de Pratzen et on présente le flanc d'une armée en marche. Quand le soleil se lève, le 2 décembre 1805, sur le plateau de Pratzen, Napoléon découvre que l'ennemi est tombé dans son piège. Il peut lancer Lannes, Murat et Soult sur le plateau pour couper les forces austro-russes en deux tandis que Davout, qui attendait l'assaut ennemi, résiste bien. Austerlitz fut la plus belle des victoires napoléoniennes, la plus prestigieuse. Elle avait mis aux prises trois empereurs, les trois pays les plus puissants du continent européen.

Après la défaite de la Prusse à Iéna, une autre belle victoire française, et l'entrevue de Tilsit, Napoléon n'avait plus comme adversaire que l'Angleterre. Il mit en place un système de défense continental qui devait ruiner le commerce britannique. La réalisation de ce blocus ne s'est-elle pas retournée contre Napoléon ?

Conscient en effet qu'après le désastre de Trafalgar il doit renoncer, provisoirement, à tout débarquement en Angleterre, Napoléon décide de frapper Londres économiquement. La prospérité britannique reposait sur les exportations de produits manufacturés (l'Angleterre venait de faire sa révolution industrielle) et de produits coloniaux (sucre, café, chocolat) ; fermer au commerce anglais ses débouchés traditionnels et déséquilibrer la balance commerciale de l'Angleterre, c'était précipiter la chute de la livre sterling, donc rendre impossible le financement des coalitions continentales et provoquer des émeutes sociales sur le territoire britannique.

L'idée n'était pas originale et le Directoire avait déjà esquissé une politique de fermeture du continent européen aux produits anglais, mais il n'avait pas eu les moyens de sa politique... Napoléon reprend le projet après la défaite de la Prusse en 1806. C'est le décret de Berlin du 21 novembre. Il ferme le continent aux marchandises anglaises. C'est ce que le 15e bulletin de la Grande Armée appelle improprement « le Blocus continental ». Il vaudrait mieux dire « la fermeture du continent ».

Napoléon essaie de faire de la mer une prison pour les navires anglais en les empêchant de mouiller dans les ports de l'Europe. Il le peut, puisque, après Tilsit, il n'a plus d'adversaire sur le continent. Toutes les puissances européennes doivent entrer dans le système douanier français. La douane devient essentielle dans le duel franco-anglais. Mais pour avoir une fermeture rigoureuse, Napoléon est contraint d'envahir et souvent d'annexer.

Le Portugal qui tente un double jeu pour éviter la ruine de Lisbonne est la première victime de cette nouvelle politique. Junot, avec la complicité de l'Espagne, s'empare de Lisbonne. Puis c'est le tour de Madrid où Napoléon substitue son frère Joseph au roi Charles IV. Louis en Hollande ne peut accepter ce Blocus sous peine de ruiner l'économie de son royaume. Il finit par abdiquer et la Hollande est annexée à la France. De Hambourg à Trieste, partout où la contrebande anglaise tente de s'infiltrer, la France resserre son emprise. Un nouvel empire se dessine. Le modèle carolingien avec sa hiérarchie de vassaux fait place à l'empire romain. Citons Albert Sorel, déjà évoqué : « Désormais la conception du Grand Empire est romaine. Comme la République d'où il sort. Il rappelle l'empire romain parce que les conditions en sont analogues, que le théâtre en est le même et que les combinaisons du gouvernement des hommes sont limitées. C'est l'empire de Dioclétien pour l'administration, les codes, toute la mécanique du gouvernement, des auxiliaires étrangers, des barbares enrégimentés, des confins militaires et, encore au-delà pour l'inconnu des forêts et des plaines sans fin, des Scythes, des Sarmates et des Slaves. » Comprenons la Russie.

A son apogée cet empire est impressionnant. Bruxelles, Amsterdam, Hambourg, Coblence, Genève, Turin, Florence, Rome et Barcelone sont des villes française au même titre que Perpignan, Lille ou Limoges. Ajoutons-y les provinces illyriennes avec Trieste et Dubrovnik. L'empire englobe une population de 45 millions d'habitants. Ce n'est pas tout. Napoléon est roi d'Italie. Un royaume qui comprend Milan et Venise et que gouverne un vice-roi Eugène de Beauharnais. Napoléon reste médiateur de la Confédération helvétique, ce qui fait de la Suisse un Etat satellite de la France. Il est enfin protecteur de la Confédération du Rhin qui regroupe la quasi-totalité des Etats allemands.

A cette confédération se rattache le Duché de Varsovie formé des parties prussiennes et autrichiennes enlevées à l'ancien royaume et confié au roi de Saxe. Mais ce rattachement est factice et c'est Napoléon qui dirige la politique polonaise.

Il a mis son frère Joseph sur le trône d'Espagne et ses troupes combattent au Portugal. A Naples règne Murat. Enfin il est le gendre de François Ier, le vaincu d'Austerlitz, devenu empereur d'Autriche, le Saint Empire romain germanique ayant vécu et dont l'autorité s'étend à la Hongrie, à la Bohême et à la Transylvanie.

Ajoutons que le Danemark auquel est réunie la Norvège est un allié fidèle et que le prince héritier de Suède est un maréchal français : Bernadotte. Depuis Tilsit, le Tsar est entré dans le système continental. Toute l'Europe est donc soumise ou alliée. Seules les îles, Angleterre, Sicile et Sardaigne, échappent à Napoléon.

Pourquoi cet empire a-t-il si vite volé en éclats ?

C'est le Blocus continental qui fut son principal facteur de dissolution. Pour être efficace, il lui fallait donner des résultats très rapides. Si l'Angleterre fut ébranlée en 1807, elle fut sauvée par la contrebande (d'Altona à Gibraltar) et par l'intervention de Napoléon en Espagne qui lui ouvrit les marchés de l'Amérique du Sud insurgée contre Joseph. Il y avait plus grave. Le Blocus imposait des privations aux peuples qui, à mesure que le temps passait, les supportaient avec moins de patience. Plus de sucre, plus de café, voilà qui ne pouvait qu'irriter les Allemands. Hegel qui avait salué Napoléon entrant dans Berlin comme « l'âme du monde », ne trouve plus les mots pour dénoncer « le jus de carotte » qu'il ingurgite au lieu de son cher café d'avant la Révolution. Tout passe par l'estomac, y compris le sentiment national, un sentiment qui ressuscite d'abord en Allemagne. C'est l'affaire Palm, fusillé pour avoir publié *L'Allemagne dans son profond abaissement.* La haine de la France est vive outre-Rhin. Des sociétés secrètes tentent quelques actions isolées contre des soldats français. Mais les souverains n'osent se révolter contre Napoléon.

C'est d'Espagne que part la résistance à l'hégémonie française. Et cette résistance est le fait des milieux populaires, pas des intellectuels que l'on trouve plutôt parmi les « Afrancesados », les partisans des Français, dont la cause se confond à leurs yeux avec celle des « Lumières ».

Lutte acharnée, terrible, où pour le soldat français la gloire n'est plus au bout du chemin mais la souffrance d'être scié entre deux planches ou plongé comme le général René dans une chaudière d'huile bouillante. Goya a peint ces atrocités dans *Les Désastres de la guerre.* Pour la résistance à Joseph Ier qu'a cru imposer facilement Napoléon, « nous ne devons envisager que le salut de la patrie, la défense de l'Etat, celle de nos frères et la gloire immortelle de la nation » déclare le catéchisme espagnol. La NATION, le grand mot est lâché. Le mot « Nation » se retrouve chez Fichte dans ses *Discours à la nation allemande.* Au Tyrol, sous la conduite d'Andreas Hofer se développe une insurrection nationale. En Russie, c'est la pression populaire qui interdit au tsar de négocier avec l'envahisseur, maître de Moscou.

Un mouvement de libération secoue l'Allemagne en 1813. Cette guerre « patriotique » est entrée dans la légende allemande. Elle a eu ses poètes, La Motte-Fouqué, le délicieux auteur d'*Ondine*, Koerner et Ruckert. Hegel est satisfait : « Nous voyons de nouveau le ruisseau brun du café couler de la cafetière, plus savoureux et plus spirituel, maintenant que nous sommes délivrés du succédané. »

En 1813, le Grand Empire s'écroule comme un château de cartes sous l'effet des aspirations nationales. De ces aspirations Murat joue, à Naples, pour rejoindre les puissances coalisées contre Napoléon. La Suisse et la Hollande font défection.

Bientôt le Grand Empire se trouve ramené à notre hexagone, secoué lui-même par la crise économique et saisi d'une immense lassitude après les excès de la conscription.

« On vit alors, écrit Albert Sorel, les hommes qui l'avaient élevé en Brumaire, le renverser du pouvoir par les mêmes moyens et, en quelque sorte, par une répétition des mêmes scènes. Parmi les maréchaux qui lui arrachèrent son abdication à Fontainebleau, on aurait reconnu des figurants de son escorte de Saint-Cloud. » La fragilité de l'Empire résidait-elle dans les incertitudes du 18 Brumaire ?

L'Empire s'achève dans la trahison. On a retenu celle de Talleyrand en 1814, de Fouché en 1815, qui avaient compté parmi les acteurs principaux de Brumaire. Un pacte avait été conclu en 1799. Napoléon était le défenseur des conquêtes de la Révolution : l'abolition des droits féodaux et la vente des biens nationaux. Il défendait aussi une France enfermée dans ses frontières naturelles. A partir du moment où l'Empereur intervient en Espagne, il sort de son rôle pour poursuivre aux yeux des notables une ambition personnelle. C'est la position qu'expose Talleyrand au Tsar à Erfurt. Dès que les défaites cessent d'en faire un rempart, il est abandonné. Le contrat est rompu.

Les maréchaux ont suivi plus ou moins le mouvement. Marmont, duc de Raguse, a laissé dans le vocabulaire de l'époque le mot « raguser » pour trahir. Mais on leur pardonne moins leur défection. Dans le *Dictionnaire des Girouettes*, ils sont « épinglés » : Augereau, Lefebvre, Ney, Macdonald... De là le succès de ce dictionnaire publié par Eymery en 1815. Ce gros (hélas !) volume de 500 pages connut plusieurs tirages. Un concurrent voulut éditer le *Dictionnaire des Immobiles*, de ceux qui étaient restés fidèles à leur serment. Il ne put réunir qu'une trentaine de notices en une mince plaquette qui fut un échec commercial. Dans cette différence d'épaisseur et de succès entre les deux volumes tient tout l'envers de la gloire impériale.

Le beau

La Révolution a laissé le souvenir d'une époque de vandalisme. Est-ce juste ?

Le vandalisme révolutionnaire a été très destructeur. Il a correspondu essentiellement à la politique de déchristianisation et de chasse aux symboles monarchistes ou aristocratiques menées par les sans-culottes sous la Terreur. Toutefois ce vandalisme n'a pas obéi qu'à ces motifs. Tout un courant esthétique condamne l'art gothique et la « lourdeur » de monuments « informes », « aussi insupportables à la vue qu'à la pensée ». Sont visées les cathédrales qu'on souhaite remplacer par des « temples bien ordonnés ». Au salon de 1800, alors que la déchristianisation est loin, Petit-Radel propose un projet de « destruction d'une église gothique par le moyen du feu, en piochant les piliers à leur base et en substituant des cubes de bois sec, dans l'intervalle desquels on met du petit bois et ensuite le feu. Le bois suffisamment brûlé cède à la pesanteur et tout l'édifice croule sur lui-même en moins de dix minutes ». Mais n'exagérons pas. La passion esthétique ne fut qu'une composante mineure du vandalisme révolutionnaire.

De nouvelles doctrines esthétiques voient-elles le jour et déchaînent-elles les passions ?

Il y a d'un côté Quatremère de Quincy tenant de la conception idéalo-antique de l'art et de l'autre Emeric David, adversaire de toute imitation, invitant l'artiste à s'affranchir des canons traditionnels et à se tourner non vers le modèle antique mais vers la nature. Deux passions pour le beau mais diamétralement opposées. En somme toujours la querelle des Anciens et des Modernes.

Y a-t-il une vie artistique sous la Révolution ?

Bien sûr. L'art n'est pas oublié et malgré « la patrie en danger » et la Terreur, des salons de peinture et de sculpture se tiennent en 1791, 1793, 1795, 1796, 1798 et 1799. La politique n'est pas absente néanmoins. En 1791 les thèmes choisis sont la liberté, la révolution, Mirabeau ; en 1793, c'est la Montagne ou Marat ; en 1795 on stigmatise au contraire la Terreur avec les « Victimes lyonnaises » ou celles d'Arras.

Mais peut-on parler d'un art officiel ?

Il y a un art révolutionnaire qui est influencé par les commandes officielles. Songeons d'abord aux monuments : Quatremère de Quincy entreprend la transformation de l'église Sainte-Geneviève en Panthéon. Un décor sculpté est prévu pour souligner la nouvelle destination du bâtiment : il en reste deux bas-reliefs, celui de Lesueur sur les « bienfaits de l'instruction publique » et celui de Chaudet sur le « dévouement patriotique ». Songeons aussi aux décors des fêtes : la partie architecturale y était très importante : arc de triomphe, montagne, etc. Ce sont des artistes qui les règlent. Ainsi

David débute-t-il avec la translation des cendres de Voltaire au Panthéon ; à Lyon, c'est le sculpteur Chinard qui les ordonnance.

Passons aux tableaux commémoratifs où David excelle. C'est à David qu'est commandé en 1790 *Le Serment du jeu de Paume.* En 1793 David entreprend de représenter Le Peletier de Saint-Fargeau assassiné par le garde du corps Pâris après son vote à la Convention pour la mort du Roi. Le tableau se retrouva plus tard dans les mains de la fille de Le Peletier qui, devenue ultra-royaliste l'aurait fait disparaître. Toujours les passions ! David a fait un tableau analogue pour Marat, dont l'original est à Bruxelles. David aurait également exécuté une commande pour la mort du jeune tambour Bara qui préféra être tué que de crier « Vive le Roi ! » Ce tableau est à Avignon mais peut-être est-ce d'un autre jeune héros républicain dont il s'agit : Viala.

Il n'était donc pas déplaisant d'être artiste sous la Révolution ?

En réalité beaucoup ont souffert de la Révolution. Plusieurs ont été guillotinés : l'architecte Mique qui avait travaillé pour Marie-Antoinette, le paysagiste Châtelet... Hubert Robert faillit connaître un sort identique : il fut emprisonné à Saint-Lazare et a laissé un témoignage pictural saisissant des geôles de la Terreur. Ledoux fut lui aussi arrêté.

D'autres n'ont plus de commandes et se trouvent dans la misère. C'est le cas de Houdon, de Greuze qui sollicite une pension de l'Assemblée Législative, de Fragonard qui se retire à Grasse, sa ville natale, de Pajou...

Certains émigrent pour des raisons de sécurité ou à la recherche de commandes. C'est le cas de Madame

Vigée-Lebrun, partie dès 1789, et qui se déplace à Turin, Rome, Naples, Vienne, Saint-Pétersbourg et Londres, pour regagner la France en 1802.

Que faut-il penser des pillages artistiques qui accompagnent les conquêtes de la Révolution ?

Il y a eu deux types de pillage. Les généraux pillent pour leur propre compte. Le pillage d'Etat à Etat se fait en revanche selon des traités. Le Pape doit céder des œuvres d'art en vertu du Traité de Tolentino. Entre 1794 et 1798, il y a eu un gigantesque transfert en France de peintures, de sculptures, de manuscrits, de livres, de collections botaniques ou zoologiques enlevées en Belgique, dans les pays de la rive gauche du Rhin, en Hollande et surtout en Italie.

En Italie il y eut envoi d'une commission des sciences et des arts. Les instructions que lui donna François de Neufchâteau sont révélatrices :

« 1. Choisir parmi les objets relatifs aux sciences et aux arts dont les conquêtes des armées françaises nous ont rendu ou nous rendront possesseurs, ceux qui paraîtront dignes d'entrer dans nos musées nationaux.

« 2. De faire des observations et de recueillir des renseignements sur l'agriculture, les arts industriels et le commerce des diverses contrées de l'Italie, de se procurer les machines ou au moins les dessins et descriptions exactes des machines et instruments qui ne sont pas en usage en France et qu'il pourrait être utile d'y faire connaître. »

Les commissaires reçoivent des instructions pour chaque ville. Y sont recensées toutes les œuvres d'art. Ainsi à Florence sont indiqués pour être enlevés : la Vénus de Médicis, Niobé et ses enfants, l'Hermaphrodite de la galerie de Florence, les bustes antiques des empereurs, les plus beaux vases étrusques et le médaillier.

Ces œuvres ainsi transportées en France sont des trophées de guerre. Le 9 thermidor An VI (27 juillet 1798), date anniversaire de la chute de Robespierre, un cortège triomphal part du Jardin des Plantes pour se diriger vers le Champ-de-Mars : figurent dans ce cortège les chevaux de Venise, l'Apollon du Belvédère, le Laocoon, le Brutus du Capitole, des Raphaël et des Corrège. C'est un rassemblement exceptionnel d'œuvres d'art que l'on offre aux Parisiens qui les voient défiler devant eux.

Au Louvre, ouvert au public, s'ajoutent aux collections royales et aux œuvres venues de couvents, les Rubens d'Anvers, le Van Eyck de Gand, les collections du Stathouder... Le Directoire dans ses instructions à Bonaparte qui combat en Italie proclame : « Le temps est arrivé où le règne des beaux-arts doit passer en France pour affermir et embellir celui de la liberté. Le Muséum National (le Louvre) doit renfermer les monuments les plus célèbres de tous les arts. »

Pourtant des voix s'élèvent contre ce pillage organisé. Quatremère de Quincy considère comme une erreur artistique de séparer des œuvres de l'endroit pour lequel elles ont été conçues. Pourtant la plupart des gens n'auraient pu voir ou connaître ces chefs-d'œuvre sans la Révolution.

Un autre élargissement fut l'expédition d'Egypte. Quel en a été l'impact ?

Rappelons le témoignage d'un membre de l'expédition, Bernoyer : « Plus je considère notre position, plus je la vois malheureuse. Néanmoins, si Alexandrie m'a paru abominable au premier abord, elle a offert un grand intérêt à nos savants de l'Institut, les citoyens Monge, Geoffroy et Pontet. Nos privations ne semblaient pas les atteindre. Les ruines de l'Antiquité auxquelles ils attachent le plus grand intérêt les nourrissent assez. »

Déjà dans sa relation de voyage, Volney avait laissé pressentir l'existence d'une civilisation ancienne et brillante qui serait enfouie sous les sables d'Egypte. Le souvenir des pharaons avait été effacé. Pensons aux gravures de Roberts en 1838. Des ruines, du sable.

De l'expédition d'Egypte va sortir la célèbre *Description*, l'un des plus beaux livres jamais édités, l'un des plus magnifiquement illustrés. Mais encore un livre d'images muettes jusqu'à la lettre de Champollion à Dacier le 27 septembre 1822 où il peut annoncer fièrement que, grâce à la pierre de Rosette, découverte en 1799, bloc de basalte portant un décret de Ptolémée V Epiphane en trois écritures, il peut déchiffrer les hiéroglyphes. Une civilisation raffinée est dès lors ressuscitée. Sans l'expédition d'Egypte, nos manuels scolaires n'auraient pas débuté par cette description d'un monde qui a émerveillé nos débuts de potache.

De l'égyptologie on est passé à l'égyptomanie. – Ni l'Inde, ni la Chine n'ont suscité un engouement comparable. Cette égyptomanie, joliment analysée dans une thèse de Marcel Humbert, a d'abord touché l'architecture et le mobilier. A la recherche de nouveaux modèles décoratifs, l'art redécouvre le sphinx, l'obélisque ou la pyramide.

Cet élargissement dont nous parlons va se poursuivre sous Napoléon avec de nouvelles conquêtes.

L'expansion de la France ne pouvait qu'avoir des suites artistiques. Peu de peintres ou d'architectes s'expatrient. Ce sont surtout nos produits : mobilier de Jacob-Desmalter, bronzes de Thomire, orfèvrerie de Biennais. On peut parler d'une exportation de l'art français.

Les frères et sœurs de Napoléon s'y sont employés. – Considérons Elisa à Lucques : l'architecte Bienaimé travaille à la Villa Marlia dont les jardins sont dessinés par Morel. Au palais Pitti à Florence, les soieries viennent de Lyon et les tapis de la Savonnerie tandis que les bronzes sont de Thomire.

Sous Murat à Naples, c'est Leconte qui redessine le théâtre San Carlo. Le mobilier est de Jacob. Murat et Caroline ont vécu avec un tel faste que lorsque Ferdinand IV a récupéré son palais, il s'est exclamé : « Quel dommage qu'ils ne soient restés dix ans de plus ! »

A Cassel, Jérôme accueille l'architecte Grandjean de Montigny et passe d'importantes commandes de mobilier à Paris. – En Hollande, Louis attire Thibault, élève de Boullée.

Inversement des artistes étrangers sont invités à Paris. Parmi ces artistes : Canova. Les enlèvements d'œuvres d'art continuent. C'est l'Europe Centrale qui en fait les frais, puis l'Espagne. Vivant Denon joue un rôle capital dans ces enlèvements. C'est lui qui est nommé directeur du Musée Central des Arts. Il avait un goût très sûr et une éblouissante culture.

La guerre a-t-elle d'autres incidences ?

L'art est mis à son service. Le génie de Napoléon est d'avoir su l'utiliser pour sa propagande guerrière.

L'idée de la Colonne Vendôme a été suggérée à Napoléon par Vivant Denon après Austerlitz. Les bas-reliefs racontant la campagne de 1805 devaient être fondus avec le bronze des canons pris à l'ennemi.

Ils furent dessinés par Bergeret, élève de David. Au sommet de cette colonne la statue de Napoléon bien sûr.

Percier et Fontaine ont conçu l'Arc du Carrousel en fonction d'une perspective que barrait le palais des Tuileries, de là la déception qu'il procure aujourd'hui, mais c'est encore un monument guerrier. Comme devait l'être l'Arc de l'Etoile achevé plus tard.

Ponts et nouvelles percées reçoivent des noms de bataille : Austerlitz, Iéna, Rivoli, Ulm. « Tout dans Paris, note un contemporain ne paraît penser et respirer que pour l'armée. »

La peinture est également au service de cette propagande. Pourquoi *Les Pestiférés de Jaffa* ? Il s'agissait de répondre aux accusations venues d'Angleterre d'empoisonnement de soldats français. De même *La Bataille d'Eylau* est une illustration du bulletin de la Grande Armée donnant le récit de la bataille et insistant sur la profonde humanité de l'Empereur. Gros sert ainsi les desseins de Napoléon.

Il y a un art officiel orienté par l'Empereur et qui doit servir avant tout le régime impérial. C'est le style Empire, le beau réglementé, chargé de dorures où partout doivent figurer aigles et abeilles. La grandeur à la longue est fatigante mais il n'empêche que l'Empire a été un grand moment de création artistique.

Peut-on en dire autant de la littérature ?

Qui lit aujourd'hui les romans, les poèmes, les tragédies de l'époque napoléonienne ? On résume toujours cette période par le mot de l'Empereur : « J'ai pour moi la petite littérature et contre moi la grande. » Il y aurait une littérature d'opposition représentée par Benjamin Constant et Madame de Staël, Chateaubriand et Sade, et une littérature médiocre qui serait la littérature officielle. On voit se poser, à travers cette opposition, le problème de la culture dirigée.

Il faut dissiper des légendes : les écrivains n'ont guère été persécutés sous Napoléon. Au moment de la Terreur, Chénier et Roucher ont été guillotinés, aucun écrivain n'a été exécuté par la suite. Madame de Staël a été exilée et Sade enfermé à Charenton. C'est tout. Chateaubriand ne peut se plaindre : il est élu en 1811 à l'Institut par la volonté de l'Empereur. La censure a été rigide mais les écrivains n'ont pas été maltraités. Reste à expliquer la médiocrité de la littérature du temps.

Le genre le plus répandu est le roman. Les femmes y règnent. Madame Cottin l'explique : « Je crois que les romans sont le domaine des femmes ; elles y sont plus propres que personne. C'est à elles qu'il appartient de saisir toutes les nuances d'un sentiment qui est l'histoire de leur vie tandis qu'il est à peine un épisode dans celle des hommes. » Ainsi la passion amoureuse serait-elle le domaine réservé de la gent féminine. Voilà qui est injuste. Car il existe un chef-d'œuvre, *Oberman* de Senancour.

Les femmes revendiquent aussi, avec la postérité d'Ann Radcliffe, le roman noir avec ses vieux châteaux, ses souterrains encombrés de cadavres et de serpents, et ses chiens qui hurlent à la mort.

La poésie reste masculine. Difficile de lire aujourd'hui Delille et ses poèmes sur les jardins. Un méchant plaisant se moque de sa poésie :

« Virgile dans les frais vallons,
A célébré l'agriculture,
Vous, l'abbé, c'est dans les salons
Que vous observez la nature. »

La poésie de cette époque est si mauvaise que l'on approuverait Lebrun-Pindare mettant en scène l'un de ces mauvais poètes :

« On vient de me voler !
– Que je plains ton malheur !
– Tous mes vers manuscrits !
– Que je plains ton voleur ! »

Mais Millevoye et Berchoux, l'amusant auteur de la *Gastronomie* méritent d'être réhabilités.

Au théâtre, on peut sauver *Les Templiers* de Raynouard et quelques comédies de Picard. En philosophie n'oublions pas Maine du Biran. Il pose dans ses *Nouvelles Conversations sur les rapports du physique et du moral de l'homme* et dans son *Essai sur les fondements de la psychologie* l'idée que l'expérience de la conscience, le sentiment prouvent l'existence du sujet : « Je sens que je sens et cette explosion de mon moi atteste le divin. » La psychologie n'est plus fille de la physiologie mais ouverture sur la métaphysique. Le moi conduit au sacré.

Il ne faut pas négliger dans ce réveil du mysticisme Ballanche, l'ami de Chateaubriand et de Madame Récamier, et Saint-Martin, le « philosophe inconnu », mort en 1803 et père de la théosophie.

Le tableau est plus qu'honorable. Et il y manque le plus grand écrivain de son temps, Napoléon lui-même. N'a-t-il pas hésité dans sa jeunesse entre la plume et les armes ? Il compose et édite *Le Souper de Beaucaire* et écrit, faisant mentir Madame Cottin, un roman d'amour (ou plutôt une ébauche), *Clisson et Eugénie.* Mais c'est quand il cesse d'écrire que Napoléon devient un grand écrivain. C'est l'amant de Joséphine, fou d'amour, qui lui écrit des missives enflammées. C'est le chef d'Etat qui dicte ses ordres et sa phrase jaillit, claire, lumineuse, précise, impérieuse. C'est le journaliste du *Moniteur* aux formules cinglantes ou le général haranguant ses troupes dans ses fameuses proclamations. Relisant certains de ses textes à Sainte-

Hélène, Napoléon s'exclame : « Et ils ont osé dire que je ne savais pas écrire ! »

La musique passe pour pauvre. Qu'en est-il vraiment ?

La musique militaire produit toujours son effet, notamment *La Marche consulaire.* On a longtemps tenu dans un grand mépris les opéras de l'époque. La Callas a montré que *La Vestale* de Spontini avec ses chœurs, sa marche triomphale et la prière de l'héroïne, n'était pas loin des grands chefs-d'œuvre du genre. Elle a aussi souligné les mérites de Cherubini apprécié par Napoléon.

On a oublié Lesueur qui fut pourtant le maître de Berlioz et le musicien officiel de Napoléon. J'ai, il y a quelques années, demandé à une étudiante passionnée de musique et à ses amis de monter une version concert des *Bardes* qui triomphèrent en 1804 mais n'avaient jamais été repris depuis la chute de l'Empire. On redécouvrit une musique qui ne mérite en rien le mépris dans lequel elle est tombée. Tout était à craindre, les Parisiens de l'époque préférant ostensiblement Haydn à Mozart puis Paisiello à Beethoven. Mais Lesueur est loin d'être un médiocre qui aurait été porté par la faveur de l'Empereur qui le décora de sa propre Légion d'honneur.

N'oublions pas les débuts de Rossini et ce délicieux *Plaisir d'amour* de Martini qui était en réalité allemand et s'appelait Schwartzendorf.

Peut-on parler d'un « siècle de Napoléon » ?

On s'est plu en effet à opposer le siècle de Louis XIV au règne de Napoléon sur le plan des lettres et des arts. Rapprochement injuste si l'on compare la durée du pouvoir de Louis XIV de 1648 à 1715 à celui de Napoléon 1800-1815.

Le vrai siècle de Napoléon, c'est le siècle du Romantisme, celui du déchaînement des passions. Napoléon marque la victoire de l'individualisme et de l'imaginaire sur le rationalisme desséché du XVIIIe siècle. – Sans Napoléon, nouveau Prométhée cloué sur son rocher battu par les flots de l'Atlantique, y aurait-il eu un héros romantique ? Tous à un moment donné, Hugo et Dumas, Balzac et Stendhal, Vigny et Musset, se sont réclamés de lui comme Nodier et Nerval, Géricault et Berlioz.

Oui, il y eut un siècle de Napoléon, comparable au siècle de Louis XIV : il va de Senancour à Lamartine, des proclamations de la Grande Armée aux romans de Balzac, de Millevoye à Hugo.

Les mythes

Louis Blanc dans son Histoire de la Révolution française *décrit la vie à la Bastille : « Des cages de fer, des cachots souterrains, affreux repaires de crapauds, de lézards, de rats monstrueux, d'araignées... dont tout l'ameublement consiste en une énorme pierre recouverte d'un peu de paille, où le prisonnier respire un air empesté, enveloppé des ombres du mystère, condamné à une ignorance absolue du délit qui lui est intenté et du genre de supplice qui l'attend... Il cesse d'appartenir à la terre ! » Cette vision mélodramatique trouva refuge dans l'imagerie populaire du XIXe et du XXe siècle. Quelles étaient les origines de la Bastille ? A quelle situation furent confrontés les hommes du 14 juillet ?*

Le texte de Louis Blanc est romantique à souhait. C'est du « Dumas », le Dumas qui popularisa, après Voltaire, la légende du Masque de Fer dans *Le Vicomte de Bragelonne.*

Commencée sous Charles V en 1370, la Bastille formait l'une des portes de l'enceinte de Paris à l'origine. Elle cessa bientôt d'être forteresse pour devenir prison. On ne lit plus *Paris ridicule* de Claude Le Petit, absent de toutes les anthologies poétiques et pourtant c'est lui qui a le mieux caractérisé au XVIIe siècle le destin de la Bastille :

« A quoi sert ce vieux mur dans l'eau,
Est-ce un aqueduc, un caveau,
Est-ce un réservoir de grenouilles ?...
C'est la Bastille ce me semble,
C'est elle-même par ma foy,
Ventre bleu, voilà bien de quoy
Faire que tout le monde tremble.
Mais ma muse, admirons l'adresse
De ce château sans garnison ;
Il tâche à servir de prison,
S'il ne sert pas de forteresse. »

C'est encore en 1789 une prison d'Etat mais comme le remarque avec humour Jean Mistler dans son précieux *14 Juillet* : « Le personnel administratif de la Bastille était plus nombreux que les prisonniers. » La condition de ces derniers était loin d'être désagréable. Ils étaient bien soignés. Sous la Régence, l'abbé Dubois s'étonna un jour du nombre élevé de lavements administrés aux prisonniers. – « Abbé, répondit le duc d'Orléans, puisqu'ils n'ont que ce divertissement-là, ne leur ôtons pas ! »

On mangeait bien à la Bastille. D'après Mistler, des côtelettes le lundi, pieds de porc ou saucisses le mardi, tourte le mercredi, tripes le jeudi, poisson frit et œufs le vendredi, etc. le vin était correct. Et l'on pouvait commander ses plats à l'extérieur. A la Bastille, Sade disposait dans sa chambre d'une imposante bibliothèque.

D'où vient alors la légende noire de la Bastille ? De Latude, célèbre pour ses évasions, et dont les récits très populaires ne pèchent pas par leur modération. Pourquoi cette légende de la Bastille ? A cause du secret qui entourait la prison – les noms des détenus étaient cachés ; le règlement prévoyait que les porte-clefs ne pouvaient avoir d'entretiens avec les prisonniers « seulement de la pluie et du beau temps à la réserve de les écouter pour leurs petits besoins ».

En 1789, au moment de la chute de la Bastille, il y avait sept prisonniers dont quatre de droit commun (falsification de lettres de change), un pervers le comte de Solages et deux fous. – Ni chaînes, ni cachots, peu de ce qui inspire Louis Blanc. Et de surcroît, la forteresse était mal défendue. Sa prise n'eut rien de très héroïque, même s'il y eut des morts.

C'est le premier mythe de l'histoire de la Révolution française. Il a été précédé, il est vrai, par celui du « pacte de famine » : le Roi aurait affamé volontairement le peuple.

Et Valmy ? Est-ce la grande victoire de la Révolution ?

Voilà un autre mythe fabriqué par la propagande révolutionnaire : le moulin, les volontaires criant : « Vive la nation ! », les Prussiens fuyant épouvantés.

De ce qui ne fut qu'une canonnade on peut proposer toutes les explications.

Les passionnés de politique intérieure y verront une subtile machination : on aurait songé au duc de Brunswick pour succéder à Louis XVI. Mais il fallait éviter qu'il fasse couler le sang français. Valmy s'expliquerait par un duc de Brunswick soucieux d'éviter un affrontement sanglant.

Pour les amateurs d'ésotérisme, c'est la franc-maçonnerie à laquelle appartenaient Brunswick et Dumouriez qui laisserait entendre une entente sur le terrain entre les deux chefs militaires.

Aux spécialistes de politique étrangère, il paraît évident que c'est le futur partage de la Pologne qui permet de comprendre le retrait prussien. Le roi de Prusse craignit en s'engageant trop profondément en France de laisser aux souverains d'Autriche et de Russie les mains libres en Pologne pour un nouveau partage.

Les lecteurs de romans policiers y trouvent aussi leur compte. Danton aurait fait voler les bijoux de la Couronne saisis après la prise des Tuileries et aurait acheté Brunswick, grand collectionneur devant l'Eternel. Il est vrai qu'on a retrouvé certains de ces diamants dans les collections de Brunswick après sa mort.

On pourra invoquer aussi la qualité des canons français et rappeler que les Prussiens évoluant sous un temps pluvieux, en septembre dans le vignoble champenois où les raisins étaient encore verts, ont été victimes d'une dysenterie qui les rendait peu combatifs.

Incontestablement Valmy a sauvé Paris. A quel prix ? L'audace de Dumouriez allant se placer sur les arrières des Prussiens n'explique pas tout.

Dans ces mythes révolutionnaires, peut-on faire figurer Louis XVII ? Sa mort ou son évasion ont inspiré une surabondante littérature.

Et même plusieurs films. Dans l'un d'eux, *Dangerous Exile*, il s'évadait du Temple en ballon !

Il est évident que Louis XVII est mort au Temple. Peut-être pas à la date officielle, mais il n'a pu sortir vivant de sa prison. Tous ceux qui ont prétendu par la suite être le fils de Louis XVI n'ont pu expliquer correctement la façon dont on les aurait aidés à s'évader.

D'où vient la rumeur d'une évasion de Louis XVII ? De ses geôliers eux-mêmes, les Thermidoriens. Privés d'un gage précieux, menacés de châtiments par Louis XVIII dans sa maladroite déclaration de Vérone, ils avaient intérêt à laisser croire à une évasion pour saper la légitimité de Louis XVIII. Cette idée a été renforcée sous la Restauration quand on a fouillé le cimetière Sainte-Marguerite en se conformant aux indications du fossoyeur qui aurait enterré le petit roi. On a découvert un squelette d'enfant trop grand pour l'âge de Louis XVII, de là l'idée d'une substitution. Mais Michel Fleury a montré que l'on ne pouvait se fier aux indications du fossoyeur, telles que sa veuve les a rapportées. D'autres fouilles n'ont pas donné de résultats. La légende de l'évasion de Louis XVII trouve son origine dans la politique.

Un heureux événement a tout à coup ouvert une carrière immense aux espérances du genre humain ; un seul instant a mis un siècle de distance entre l'homme du jour et celui du lendemain. L'homme nouveau décrit par Condorcet appela à une régénération active. Quelles furent les réalités de ce programme ?

Il n'y eut pas de programme à proprement parler : seulement la Déclaration des droits de l'homme et du citoyen. On parle beaucoup de l'Homme et Burke s'est moqué de cette abstraction. Mais l'on est aussi très pragmatique, l'homme est un citoyen. D'un côté Rousseau, de l'autre les réalités. C'est le propre de cette Révolution que d'osciller entre la théorie et le concret. La Révolution fut idéologique mais elle sut, comme le Christianisme, remettre l'homme à sa place.

La Révolution voua, dans le cadre de la déchristianisation, un culte pour les martyrs révolutionnaires (Le Peletier, Marat, Chalier et Bara). Quels furent les actes pour mériter la reconnaissance de la patrie ?

Le Peletier de Saint-Fargeau avait été assassiné par le garde du corps Pâris pour avoir voté la mort de

Louis XVI, Marat fut poignardé par Charlotte Corday et Chalier exécuté par la contre-révolution lyonnaise. Bara enfin fut massacré par les Vendéens (légende fabriquée du petit tambour victime de ses convictions républicaines). Tous ont été tués par des adversaires de la Révolution. – Le Peletier était un riche parlementaire mais qu'importe ! Les actes effacent la personne.

L'ambiguïté vient de ce que les cultes révolutionnaires récusent le Catholicisme mais en reprennent toute la terminologie. Si la déesse Raison ou certaines fêtes populaires sont conformes aux idéaux des Lumières, que dire du culte d'un Marat ? Il est vénéré comme Jésus ; on parle du « sacré cœur » de Marat, du « sang » de Marat dont on se dispute les reliques. Une ferveur religieuse l'entoure ; pourtant à l'inverse de Le Peletier il ne sera panthéonisé que tardivement, après la chute de Robespierre. Fallait-il éviter de heurter les insurgés fédéralistes ? Faut-il faire intervenir la jalousie de Robespierre ? De nombreux conventionnels étaient réservés sur son compte. A peine entré au Panthéon, Marat en fut chassé et ses bustes brisés. Il connut donc un sort voisin de celui de Mirabeau.

Qui fut reçu au Panthéon ? Qui en fut exclu ?

C'est la Constituante qui a décidé d'affecter l'église de Soufflot à la sépulture des grands hommes. Le Panthéon a reçu successivement Mirabeau, Voltaire, le commandant Beaurepaire qui avait préféré se donner la mort que de rendre Verdun en septembre 1792 (il s'agirait en réalité d'une légende), Le Peletier de Saint-Fargeau, Marat et Rousseau. En furent chassés par la suite Mirabeau et Marat.

Napoléon confirma-t-il la vocation « sacrée » de l'édifice ?

En 1806, Napoléon visita l'édifice et s'inquiéta de la solidité du dôme. Il finit par débloquer une somme importante pour sa consolidation. Le 20 février 1806, il rendait l'église Sainte-Geneviève au culte. Mais décidait que l'édifice servirait aussi à la sépulture des grands dignitaires de l'Empire. Tronchet ouvrit la voie. Suivirent Lannes, Portalis, Cretet, Cabanis, Lagrange... Le monument fut dégagé par les percées Soufflot et Ulm notamment. C'est en 1885 que l'Eglise fut réservée aux héros de la République. Le Panthéon est alors devenu « un lieu de mémoire » pour la gauche. Par opposition, les Invalides devinrent le temple de la gloire militaire : Foch y vint rejoindre Napoléon le 25 mars 1929, les poilus retrouvaient les régiments de Louis XIV et les grognards de la Grande Armée.

« Vivant, Napoléon a manqué le monde, mort, il le conquiert », écrit Chateaubriand dans ses Mémoires d'outre-tombe. *Comment s'explique la formation de la légende napoléonienne ?*

Bonaparte a forgé la légende de son vivant. Elle naît de façon précise en Italie lorsque le 20 juillet 1797, Bonaparte fonde un journal, le *Courrier de l'Armée d'Italie*, puis le 10 août, *La France vue de l'Armée d'Italie*. On y lit des textes de ce genre : « Bonaparte vole comme l'éclair et frappe comme la foudre. Il est partout et il voit tout. Il sait qu'il est des hommes dont le pouvoir n'a d'autres bornes que leur volonté quand la vertu des plus sublimes vertus seconde un vaste génie. » Un mythe est né. La peinture prend le relais. Gros représente Bonaparte à Arcole : le portrait d'un chef, maigre, pâle, la bouche serrée, le menton volontaire.

Par la suite ce sera le passage du Grand-Saint-Bernard vu par David :

« J'aimai les fiers coursiers aux crinières flottantes,
Et l'éperon froissant les rauques étriers ;
J'aimai les forts tonnants aux abords difficiles ;
Le glaive nu des chefs guidant les rangs dociles »,
écrira Hugo.

La légende est en marche.

A la légende du jeune conquérant d'Arcole se substitue celle du successeur de Charlemagne, du fondateur de la IVe dynastie, du bâtisseur. – La colonne Vendôme, l'arc du Carrousel, c'est encore la légende.

Et Vivant Denon, en bon courtisan, écrit à l'Empereur. « Vous n'accepterez de monuments, Sire, que ceux d'un genre qui, en consacrant votre gloire, en donneront la mesure et rendront les nations étrangères tributaires de vos magnificences. » La presse, asservie, est à l'unisson. Deux citations du *Journal de Paris.* En l'an IX : « Le premier guerrier de l'Europe devenu le premier magistrat de la France est aussi l'homme providentiel qu'attendait un pays épuisé par les discordes intérieures, ruiné par les guerres révolutionnaires et mis au ban de l'Europe. » Un an plus tard : « La force prodigieuse des organes du premier consul lui permet dix-huit heures de travail par jour, elle lui permet de fixer son attention pendant ces dix-huit heures sur une même affaire ou de l'attacher successivement à vingt, sans que la difficulté ou la fatigue d'aucune embarrasse l'examen d'une autre ; la force d'organisation qui lui est propre lui permet de voir au-delà de toutes les affaires en traitant chaque affaire. »

La légende c'est le catéchisme impérial qui enseigne l'obéissance à Napoléon « parce que Dieu qui crée les empires et les distribue selon sa volonté, en comblant notre Empereur de dons, soit dans la paix, soit dans la guerre, l'a établi notre souverain, l'a rendu le ministre de sa puissance et de son image sur la terre ».

La légende enfin, ce sont les bulletins de la Grande Armée, récits officiels (et retouchés) des campagnes. Ils sont lus jusque dans le moindre village où leur arrivée est annoncée au son du tambour. On les déclame sur la scène de la Comédie-Française et, raconte Vigny, « nos maîtres ne cessaient de nous les lire et nos cris de "Vive l'Empereur !" interrompaient Tacite et Platon. »

La légende est entrée dans toutes les têtes ; aucune n'échappe à son emprise. Napoléon a inventé la propagande des régimes totalitaires.

Mais en 1814 ?

En 1814, par réaction, se développe une légende noire. De très nombreux pamphlets, dont, hélas ! – le *De Buonaparte et des Bourbons* de Chateaubriand, vont donner de l'Empereur déchu une image négative.

La légende avait été bien acceptée, son envers, la légende noire, rencontra d'abord un large écho : l'image de l'Ogre était née spontanément dans les campagnes lors des grandes levées de conscrits de 1813. Vous en trouveriez des traces dans la chanson : « Je suis un pauvre conscrit du Languedoc » et plus tard dans les romans d'Erckmann-Chatrian. Libéraux et ultras ont accablé Napoléon, l'assimilant à Attila, Gengis Khan et Néron. – C'est l'époque où l'on colporte les pires ragots notamment l'inceste prétendu de Napoléon et de Pauline. La violence de ton stupéfie. L'outrance du trait qui s'exacerbe après les Cent Jours, sous la seconde Restauration, aurait dû discréditer cette ignoble littérature. Pourtant le destin de Napoléon semble alors scellé. Il sera un tyran sanguinaire pour la postérité.

Ce serait Le Mémorial de Sainte-Hélène, *vecteur principal de la légende, qui aurait tout fait basculer ?*

Oui. Il a permis de passer de l'image de l'Ogre à celle de Prométhée.

Le Mémorial a été lu sur trois plans. Paru après la mort de Napoléon survenue en 1821, il en conte la captivité au moins jusqu'en décembre 1816. Les détails étaient ignorés. Le médecin irlandais O'Meara venait de publier en 1822 ses entretiens avec Napoléon à Sainte-Hélène mais la parution du *Mémorial* en 1823 a éclipsé sa relation. La description que donne Las Cases des conditions de vie à Sainte-Hélène n'est pas sans faire penser à Prométhée sur son rocher. Les électeurs furent émus et indignés. Tant de mauvais traitements, de brimades, d'indignités dépouillaient Napoléon de sa peau de tyran. J'ai parlé de Prométhée, c'était aussi le Christ sur le Golgotha.

Cette captivité faisait contraste avec la gloire passée. Une gloire qu'évoquait *Le Mémorial* à travers les souvenirs du souverain captif. D'un seul coup ressuscitaient des noms occultés ou oubliés : Austerlitz, Iéna, Wagram... Comment ne pas vibrer à leur évocation ? Songez à ces jeunes hommes, comme Vigny, nourris de bulletins de la Grande Armée, que le service du Roi (Vigny était derrière Louis XVIII en route pour Gand) leur avait fait oublier et qui les retrouvaient dans le *Mémorial*. Les aspects négatifs du règne de Napoléon ayant été passés sous silence, c'est l'épopée impériale dans toute sa splendeur que nous offre *Le Mémorial*. Le choc fut grand, surtout en comparant avec les premières années de la Restauration.

Enfin *Le Mémorial* présentait Napoléon comme le champion des libertés et des nations opprimées. Dans une brillante improvisation devant Las Cases, l'Empereur déchu s'exclamait : « Rien ne saurait désormais détruire ou effacer les grands principes de notre Révolution. Ces grandes et belles vérités doivent demeurer à jamais, tant nous les avons entrelacées de lustre, de monuments, de prodiges. » Et d'ajouter : « Voilà le trépied d'où jaillira la lumière du monde. Elles le régiront ; elles seront la foi, la religion, la morale de tous les peuples, et cette ère mémorable se rattachera, quoi qu'on ait voulu dire, à ma personne, parce qu'après tout, j'ai fait briller le flambeau, consacré les principes et qu'aujourd'hui la persécution achève de m'en rendre le Messie ! »

Napoléon libéral ! Napoléon chantre de l'unité allemande et de l'unité italienne ! Il y avait de quoi surprendre. Mais cette contre-vérité passa sans problèmes. N'était-ce pas la Sainte Alliance, ennemie des libéraux et des nationalités qui avait maintenu Napoléon en captivité. Elle le tenait donc pour dangereux. Et l'Empereur ne se privait pas de rappeler son passé révolutionnaire : Toulon, Vendémiaire, l'Italie...

Le Mémorial est un chef-d'œuvre de propagande. A-t-il été voulu ainsi par Napoléon ? Las Cases a-t-il remanié dans ce sens les propos de l'Empereur, les adaptant aux années 1820 ?

En tout cas, partout en Europe, auprès des patriotes italiens, allemands ou polonais, l'ouvrage rencontra un immense écho, impressionnant au passage les libéraux français. Les révolutions de 1830 se feront aux cris de « Vive Napoléon ». Et François Ier avouait à son petit-fils le duc de Reichstadt qu'il suffirait à ce dernier de franchir le pont de Strasbourg pour retrouver son trône impérial.

Par ailleurs, les Romantiques, Hugo en tête, furent bouleversés. Ce personnage hors du commun qui, maître du monde, se retrouve réduit à quelques mètres carrés sur une île perdue de l'Atlantique battue par les flots, n'était-ce pas le héros romantique par excellence sur lequel s'acharne le destin ?

Enfin on pleura, dans les salons comme dans les chaumières sur le sort du malheureux proscrit persécuté par Hudson Lowe.

L'image de l'Ogre s'effaça. La légende noire était vaincue. C'est tout un peuple qui communiera dans le retour des Cendres en 1840. C'est tout un peuple qui se précipitera aux Invalides, pour se recueillir devant le Tombeau. Certes il y aura des grincements de dents, mais le tour est joué.

Par la suite, quel retentissement eut cette œuvre dans l'histoire et chez les historiens ?

Le Mémorial a été le livre le plus édité au XIXe siècle. Aujourd'hui encore il est dans toutes les grandes collections littéraires : la Pléiade, les Classiques Garnier, Bouquins, l'Intégrale, etc. Les historiens ne pouvaient échapper à son emprise. Impressionnés, ils ont souvent perdu tout esprit critique. Las Cases reproduit dans *Le Mémorial* une lettre de Napoléon à Murat dans laquelle l'Empereur rend Murat responsable des événements d'Espagne et lui prédit la suite malheureuse d'une guerre où tout un peuple se dresse contre les armées françaises. Belle occasion d'exalter la lucidité impériale et de flétrir l'ambition aveugle de Murat. Beaucoup d'historiens ne s'en sont pas privés. Or cette lettre est apocryphe. Elle ne figure pas dans les papiers de la Secrétairerie d'Etat et a été fabriquée par une officine de Maret pour les besoins d'une revue libérale. Las Cases l'a glissée dans *Le Mémorial* et elle a abusé plusieurs générations d'historiens, ayant été reprise dans la grande édition de la correspondance de Napoléon en 32 volumes. Thiers ne conteste pas l'authenticité de cette lettre qu'il croit seulement ne pas avoir été envoyée. On trouvera une parfaite mise au point sur ce « faux » dans la magnifique édition donnée du *Mémorial* par Marcel Dunan en 1951.

Après lui, j'ai été l'un des premiers à dénoncer le caractère de propagande que revêt *Le Mémorial,* ce qui n'enlève rien à son intérêt littéraire ; c'est le cas également des *Mémoires d'outre-tombe* qu'il faut utiliser avec précaution ; il ne s'agit pas moins d'un chef-d'œuvre du XIXe siècle, un ouvrage qu'on ne se lasse pas de lire.

L'expression de la légende napoléonienne s'incarna-t-elle dans la prose, la poésie et les arts populaires au XIXe siècle ?

Devenu mythe, au même titre que Don Juan, Napoléon a inspiré au XIXe et au XXe siècle : Schoenberg, Byron, Hoffmann, Berlioz, Tolstoï, Tchaïkovski, Goya, Hugo, Heine, Mickiewicz, Pouchkine, Schumann, Nietzsche, Schubert, Hegel, Dostoïevski, Barrès, Zweig, Bernard Shaw... cités dans le désordre, sans parler de *Napoléon dans le désert* de Max Ernst ou des sculptures contemporaines de Jean-Louis Faure. Il y a même un Elvis Presley sous le costume du *Napoléon* d'Ingres peint par N. Wilson et intitulé *The King* !

Vous parlez des arts populaires. C'est là que la légende s'est le plus épanouie. Songez au roman bon marché repris dans des collections comme *Le Livre populaire* de Fayard, *L'Idéal Bibliothèque* de Pierre Laffitte, Tallandier.

Chez le premier, on trouve *Fantômas,* chez le deuxième *Arsène Lupin* et chez le troisième *Belphégor,* Napoléon figure dans les trois collections : une série due à Edmond Le Pelletier pour Fayard, *L'Enfant d'Austerlitz* de Paul Adam pour Laffitte et *Le Grenadier Sans-Souci* de Maurice Mario chez Tallandier. Il y en a des centaines, de *Pour tuer Bonaparte* de Georges Ohnet à *Pontcarral* de Cahuet, de *La Belle Jenny* de Théophile Gautier à *L'Aviateur de Bonaparte* de Jean d'Agraives. Chaque livre apporte sa pierre au mythe. Dans *La Mort de l'Aigle* de Paul d'Ivoi, Napoléon, lors de la Campagne de France, apprend une mauvaise nouvelle. Il accuse le coup, mais « chassant ce découragement passager, l'Empereur se redressa d'un mouvement volontaire et, avec une sombre énergie dit "Sauvons le pays malgré lui –, s'il succombe que ce soit dans un éblouissement de gloire." Avec ce regard clair, ce regard d'aigle sous le rayon aigu duquel l'avenir même semblait s'entrouvrir, l'homme prédestiné s'assit devant sa table en murmurant d'un ton impérieux, commandement sublime à ses nerfs, à son génie : "Travaillons !" ».

Le roman populaire peut même se faire rencontre des mythes... Paul Féval fils imagine la petite-fille du *Bossu*, Mademoiselle de Lagardère, se chargeant de faire évader Napoléon en sous-marin ! Trop tard, bien sûr, car une Lagardère ne peut échouer. Elle découvre un moribond qui lui dit : « Vous arrivez trop tard, Marie ! Si l'on avait voulu me guérir, on m'aurait donné à temps un peu de verdure et d'eau. On m'aurait laissé me promener, monter à cheval. Il n'en fallait pas davantage. Mais on voulait ma mort et on l'aura bientôt. Il faut suivre son destin ! Après tout si Jésus-Christ n'était pas mort sur la croix, qui aurait cru en lui ? »... « Marie, l'épreuve que j'endure est comme un couronnement moral. A ma gloire, il manquait l'épreuve, le lent supplice de toutes les heures. J'ai tout cela ici. Ma légende s'y parachève. » Marie s'éloigne.

Citons toujours Féval fils « Au moment de disparaître derrière le petit promontoire à l'abri duquel se tenait le sous-marin, elle se retourna. La silhouette impériale était toujours à la même place. Elle suivait du regard l'héroïne et elle lui envoya un dernier signe d'adieu. Ce signe ressemblait à une bénédiction, peut-être aussi à un suprême baiser envoyé du bout des doigts. »

Ne parlons pas du cinéma qui a pris le relais de la littérature populaire. Il y a plus de films sur Napoléon que sur Jeanne d'Arc, Lincoln et Lénine réunis. Et dans tous les pays ! Ont tenu le rôle, entre deux cents, Albert Dieudonné (il devint fou !), Viggo Larsen, Gardine, Emile Drain (le record des interprétations), Charles Vanel, Werner Krauss, Claude Rains, Charles Boyer, Sacha Guitry, Jean-Louis Barrault, Charles Schauten (acteur nazi), Jean Chaduc, Gérard Oury (!) Herbert Lom, Pierre Mondy, Raymond Pellegrin, Daniel Gélin, Jean-Marc Thibault (le moins ressemblant), Strigeltchik, Rod Steiger, James Tolkan, Aldo Maccione (grotesque, avec la blonde Ursula Andress en Joséphine !), Patrice Chéreau, Roland Blanche, etc.

Autre aspect de la légende : le fétichisme qui entoure les souvenirs napoléoniens. Il y a les souvenirs contemporains, ceux de la Restauration (séditieux, où l'allusion est dissimulée) ceux du retour des Cendres, vers 1840, et enfin ceux du second Empire. On recherche les cheveux (recueillis par le valet de chambre après chaque coupe, dit-on), mais attention : pas de mèches trop longues ou trop noires, leur authenticité serait douteuse car l'Empereur avait le cheveu court et une mèche s'éclaircit toujours avec le temps.

Sont recherchées, outre les fameux chapeaux, les chemises : elles sont en fil ou en toile de lin, rarement avec des dentelles mais marquées du « N » couronné en point de croix. Il y a aussi les amateurs de caleçons (un caleçon de Napoléon vaut au moins 25 000 F).

Plus accessibles sont les reproductions iconographiques : boîtes à pilules, blagues à tabac, casse-noisettes, huiliers, porcelaines, etc. On trouve à tous les prix des statuettes en plâtre ou en bronze. Le sculpteur Barre s'était spécialisé dans le genre sous le second Empire.

La manie des collectionneurs, véritables cousins Pons de la Légende, s'étend jusqu'aux mouchoirs. Rarement personnage historique aura autant déclenché les passions.

« L'incomparable météore avait achevé sa course sur la terre. Il avait pris des mesures pour qu'elle ne s'arrêtât pas. Mort, Napoléon s'anime d'une vie nouvelle. Après tant de métamorphoses, voici qu'il devient image et idée. » C'est ainsi que Jacques Bainville évoquait la transfiguration de l'Empereur. La résultante fut la constitution, la progression et l'affermissement d'un sentiment bonapartiste. En 1848, Louis-Napoléon était le premier président de la République élu au suffrage universel. Cette victoire ne fut-elle pas l'aboutissement du culte de Napoléon ?

On ne peut confondre tout à fait la légende napoléonienne et le bonapartisme. Les collectionneurs ne sont pas obligatoirement des bonapartistes. En 1840, l'année du retour des Cendres, Louis-Napoléon Bonaparte échoue dans sa tentative de conquête du pouvoir.

Pourquoi est-il élu triomphalement en 1848 ?

C'est d'abord parce qu'il n'a pas d'adversaires sérieux : Raspail ne pèse guère (c'est un peu Arlette Laguiller !), Lamartine est pris pour une femme (« La Martine »), Ledru-Rollin n'a aucun charisme ; quant à Cavaignac, s'il rassure les propriétaires, il suscite la haine des ouvriers qu'il a fait mitrailler en juin. Louis-Napoléon Bonaparte bénéficie au contraire du vote populaire (si l'on avait conservé le suffrage censitaire, Cavaignac aurait été élu). Dans les campagnes, les anciens soldats avaient popularisé les batailles du premier Empire (relisez *Le Médecin de Campagne* de Balzac) ; dans les villes, malgré la conscription, l'Empire avait laissé le souvenir d'une époque de plein emploi et de hauts salaires. Le nom de Napoléon était populaire. C'est le peuple qui a voté pour Louis-Napoléon Bonaparte, pas les notables ni les intellectuels. Thiers en a pris son parti : « C'est un crétin qu'on mènera. » C'est lui qui s'est fait mener.

Au fond il n'y a de mythes que populaires.

La blessure intérieure

L'échec, en 1814, de la campagne de France, entraîna le départ de Napoléon vers l'île d'Elbe. Comment songea-t-on à remplacer l'empereur par le frère de Louis XVI ? Dans quelles proportions se déclarèrent les adversaires au retour du roi ?

L'avènement de Louis XVIII n'était pas évident. Napoléon vaincu, le trône aurait dû passer à son fils, le roi de Rome, avec une régence de Marie-Louise. Talleyrand y a songé. Il aurait été bien sûr le mentor de l'impératrice. Curieusement c'est l'Autriche qui a empêché le petit-fils de François Ier de devenir empereur. Probablement l'Angleterre a-t-elle pesé de tout son poids sur Vienne.

Pas question non plus d'Eugène de Beauharnais. Il avait compromis ses chances en restant fidèle à Napoléon dans le royaume d'Italie, dont il était vice-roi, alors qu'il était le gendre du roi de Bavière qui avait donné le signal des défections à la cause napoléonienne.

Un général remplaçant un général. Bernadotte y a songé. Mais les coalisés semblent s'être méfiés de lui.

Le duc d'Orléans était également suspect et pas connu. Il avait laissé passer sa chance en 1792.

La République exclue, restait le Bourbon. Albert Sorel montre dans *L'Europe et la Révolution française* que la restauration de Louis XVIII était le vœu le plus cher de Londres depuis 1793. Le programme de Pitt tenait en deux points : la France exclue de la Belgique et ramenée à ses frontières de 1789, le rétablissement des Bourbons en constituant le gage. Pitt n'est plus là en 1814. Mais le programme anglais n'a pas varié et c'est Londres qui impose ses volontés.

A partir du moment où Napoléon abdiqua sans conditions, il déliait les fonctionnaires et les soldats de leur serment de fidélité à l'Empire. Rien ne s'opposait à la restauration de Louis XVIII. Le refus aurait pu venir des républicains ; ils ne comptaient guère en 1814. – D'autant que Louis XVIII, instruit par l'expérience (sa déclaration de Vérone, en 1793, trop brutale, lui avait aliéné l'opinion), sut prendre un ton modéré et annoncer qu'il ne toucherait pas aux conquêtes révolutionnaires.

Quelles furent les raisons de l'échec de la première Restauration ?

Il y eut des maladresses : le préambule de la Charte (ce nom même renvoyait à l'Ancien Régime), les nominations dans l'armée (pourquoi prendre Dupont, le vaincu de Baylen, comme ministre de la Guerre), une trop grande place accordée à la religion avec beaucoup d'hypocrisie. Mais certaines mesures étaient inévitables : le licenciement de l'armée, la signature du Traité de Paris (Talleyrand a limité les dégâts si l'on songe que les coalisés avaient songé à démembrer la France), le retour des émigrés et les places qui leur furent accordées : il fallait bien que le roi récompense ceux qui lui avaient été fidèles jusqu'au bout.

La Charte de 1814 représenta-t-elle une nouvelle tentative de synthèse nationale ?

Cette septième constitution de notre histoire fut la meilleure. Le préambule de la Charte était sans équivoque. « Le vœu le plus cher à notre cœur, c'est que tous les Français vivent en frères et que jamais aucun souvenir amer ne trouble la sécurité qui doit suivre l'acte solennel que nous leur accordons aujourd'hui. » C'était donc l'amnistie pour les révolutionnaires et particulièrement les régicides. Amnistie confirmée par l'article 11 : « Toutes recherches des opinions et VOTES émis jusqu'à la Restauration sont interdites. »

En ce qui concerne les biens nationaux, l'article 9 était dépourvu d'ambiguïté : « Toutes les propriétés sont inviolables, sans aucune exception de celles qu'on appelle nationales, la loi ne mettant aucune différence entre elles. »

Etait établie une monarchie constitutionnelle comme on en avait rêvé en 1789, qui évitait les inconvénients de la constitution de 1791. – Le régime parlementaire, sans être prévu ouvertement dans la Charte y était potentiellement puisque les ministres pouvaient être pris dans les Chambres. De plus la séparation des pouvoirs n'était plus aussi rigide qu'en 1791 et 1795 puisque le Roi avait le pouvoir de dissoudre la Chambre des députés et que par ailleurs il nommait les pairs en nombre indéterminé (les fameuses « fournées »).

Malgré les formes volontairement et absurdement archaïques, la Charte était plus libérale que les constitutions napoléoniennes et plus « pratique » que celle de 1791. Elle pouvait devenir sans difficultés le fondement d'une réconciliation nationale.

La défaite de Waterloo conduisit l'Empereur dans un exil définitif. La seconde Restauration se trouvait toutefois confrontée à une situation différente de 1814, en dépit des ressemblances, Fouché ayant cette fois tenu le rôle de Talleyrand l'année précédente. Que pouvait faire le Roi face aux vainqueurs de Napoléon ?

La France était à nouveau occupée. Et les coalisés n'étaient pas cette fois disposés à retirer leurs troupes. C'est Richelieu (il reçut le nom de « libérateur du territoire ») qui réussit à sortir la monarchie de l'impasse. Certes le second Traité de Paris était moins avantageux que le premier et il fallut restituer les œuvres d'art enlevées à l'étranger lors des conquêtes révolutionnaires et impériales. Mais la France n'était pas ruinée et Richelieu réussit à acquitter l'indemnité de guerre exigée par les Alliés plus tôt que prévu, permettant ainsi la libération du territoire lors du Congrès d'Aix-la-Chapelle.

Richelieu sauvait ainsi la France et il sauva également la monarchie qui retrouvait prestige et liberté d'action. On n'a pas toujours rendu justice à Richelieu qui a inspiré à Emmanuel de Waresquiel une bonne biographie où son rôle est enfin souligné.

Mais à l'intérieur, ce fut la « Terreur blanche » !

La Terreur blanche visait à punir tous ceux qui avaient servi Napoléon. On l'étendit aux régicides lorsqu'ils avaient voté OUI au référendum sur l'Acte additionnel, la Constitution des Cent Jours.

Après l'abdication de Napoléon en 1814, Louis XVIII n'avait pratiqué qu'une épuration de CONVENANCE. Pouvait-on maintenir dans les préfectures ou de hautes fonctions dans lesquelles ils représentaient le Roi, d'anciens conventionnels qui avaient voté la mort de son frère (lui rendant, il est vrai, service puisque, sans ce vote, le comte de Provence ne serait pas devenu Louis XVIII, mais enfin...) ? – C'était le cas d'un Thibaudeau, préfet des Bouches-du-Rhône ou d'un Merlin de Douai, procureur à la Cour de cassation. Ils furent écartés, mais sans que leur éviction ait été présentée comme une punition. Il n'y eut pas de règlements de comptes, d'épurations sanglantes, d'emprisonnements.

En 1815, lorsque Napoléon revint au pouvoir, il se trouva avec une forte opposition intérieure (sans parler d'une nouvelle coalition européenne qui le considérait comme un usurpateur).

Il importait donc pour lui de disposer d'une police et d'un corps préfectoral sûrs. Napoléon épura donc tous les éléments royalistes ou supposés tels, mais sans violence. Il n'y eut pas d'emprisonnements ni d'exécutions de fonctionnaires. Certains, comme Pasquier, ancien préfet de police, furent simplement assignés à résidence. Ce fut une épuration POLITIQUE.

Il ne pouvait en aller de même en 1815. On désigna alors comme « traîtres » ceux qui avaient rallié Napoléon pendant les Cent Jours. Waterloo faisait en effet de l'Empereur un usurpateur. Il importait donc de punir tous ceux qui avaient été les complices de cette usurpation, tous ceux qui avaient choisi le mauvais camp. Tel fut le sens de la Terreur blanche, à la mesure de la peur qu'avaient éprouvée les royalistes. La répression fut cette fois sanglante. Elle a choqué par sa violence (la mort de Brune) et ses partis pris (les frères Faucher furent exécutés de façon indigne). Mais le nombre des victimes demeura faible malgré tout. Ce fut une épuration – CHATIMENT.

La formation d'un ministère Talleyrand-Fouché ne contredit-elle pas cette notion de « Terreur blanche » ?

A première vue, ce ministère, « le vice appuyé sur le bras du crime », étonne. Mais Louis XVIII ne pouvait faire autrement. Pour une fois, Talleyrand n'avait pas trahi (il n'aurait pu d'ailleurs rejoindre Napoléon, celui-ci l'avait fait exclure de toute amnistie) ; quant à Fouché, soutenu par Wellington, alors arbitre de la situation, il avait été l'artisan de la restauration du Roi. Il est probable que Louis XVIII a fait contre mauvaise fortune bon cœur, attendant son heure. Il savait être patient ! En revanche, je crois inventés par Chateaubriand les propos que lui prêtent les *Mémoires d'outre-tombe.*

A la question de Chateaubriand : « Eh bien, Sire, vous prenez le duc d'Otrante ? » Le Roi répond : « Il l'a bien fallu : depuis mon frère jusqu'au bailli de Crussol (et celui-là n'est pas suspect), tous disaient que nous ne pouvions pas faire autrement : qu'en pensez-vous ? »

Et le dialogue s'engage :

« Si la chose est faite, je demande à Votre Majesté la permission de me taire.

– Non, non, dites. Vous savez combien j'ai résisté depuis Gand.

– Sire, je ne fais qu'obéir à vos ordres ; pardonnez à ma fidélité : je crois la monarchie finie.

Le Roi garda le silence ; je commençais à trembler de ma hardiesse, quand Sa Majesté reprit : "Eh bien, Monsieur de Chateaubriand, je suis de votre avis." »

L'élection de la Chambre introuvable montra que ce ministère qui aurait peut-être assuré en souplesse la transition vers une monarchie parlementaire et évité certains excès, n'était pas en prise avec le pays légal. Dès lors la combinaison Talleyrand-Fouché était condamnée. Chacun de son côté, Fouché comme Talleyrand, crut pouvoir se sauver en se débarrassant de son encombrant partenaire. Fouché multiplia les mémoires, se posant en champion des libertés, sous les applaudissements de Wellington. Mais il en fit trop.

De plus la duchesse d'Angoulême, « l'orpheline du Temple », voulait son départ. Il y a une jolie page dans les *Mémoires* de Vitrolles (encore des mémoires qu'on ne lit pas !). L'auteur raconte le dernier conseil des ministres auquel assista Fouché. Talleyrand se lança dans l'éloge des Etats-Unis. « C'est un si beau pays. Vous ne connaissez pas ce pays-là, Monsieur de Vitrolles. Moi je le connais. Je l'ai parcouru, je l'ai habité : C'est un pays superbe. Il y a là des fleuves comme nous n'en connaissons pas, le Potomak par exemple. Rien n'est plus beau que le Potomak. Et puis ces forêts magnifiques, pleines de ces arbres que nous avons ici, quelques-uns dans des caisses. Comment s'appellent-ils donc ? Des... des... (daturas souffle Vitrolles). C'est ça, des daturas. » « Talleyrand s'embrouilla dans le Potomak et les daturas, écrit Vitrolles. C'était à n'y rien comprendre. » Seul Fouché comprit les raisons d'un tel lyrisme. Talleyrand souhaitait se débarrasser de lui en l'envoyant comme ambassadeur dans cette lointaine contrée. – Ce sera en définitive Dresde.

Talleyrand crut pouvoir désormais affronter la colère de la Chambre introuvable. Mais il avait besoin de l'appui de Louis XVIII. Pour forcer son adhésion, il crut habile d'agiter sa démission. Le Roi le prit au mot. Le cabinet Talleyrand n'avait duré que trois mois. Richelieu devint Président du conseil.

Une paix durable pouvait-elle sortir de la chute de l'Empire ?

Non. A l'intérieur de la France, l'humiliation de la défaite fut liée à l'avènement des Bourbons. L'idée d'une revanche sur l'Europe a hanté les esprits. On assistera, en 1840, lors de la crise du Proche-Orient, à un réveil patriotique qui faillit conduire à la guerre.

Les décisions du Congrès de Vienne qui réunit toutes les puissances européennes en 1815 ont négligé volontairement les aspirations nationales au profit d'un principe de légitimité interprété de façon arbitraire. L'empire napoléonien s'était écroulé sous l'action de forces nationales en Espagne, en Allemagne, en Hollande et en Italie. – Les vainqueurs n'en tinrent aucun compte : rien n'est prévu pour satisfaire les aspirations des patriotes italiens et allemands, ni pour ressusciter le royaume de Pologne, on va jusqu'à unir la Belgique industrielle et catholique à la Hollande commerçante et protestante dans l'idée de surveiller la France à sa frontière septentrionale. Pire : la Prusse est installée sur le Rhin. Dans cette décision sont contenues en germe les guerres de 1870, 1914 et 1939.

Metternich à Vienne ne s'occupe que de rétablir l'influence autrichienne en Italie et de neutraliser la Belgique pour satisfaire l'Angleterre. Déjà se profile la rivalité austro-prussienne. Les vainqueurs sont prêts à se déchirer. – C'est le retour de Napoléon de l'île d'Elbe qui les réconcilie et les conduit à la conclusion de traités bâclés.

Un grand esprit de notre temps écrivait : « Il fallait s'accommoder de la révolution-fait ; il fallait se dépêtrer de la révolution-idée. » N'était-ce pas la finalité de l'action restauratrice de Louis XVIII ?

Louis XVIII a dû compter avec les idées nouvelles – le retour à l'Ancien Régime était impossible. Mais Napoléon en revenant de l'île d'Elbe en 1815 a ruiné l'œuvre de réconciliation qu'avait entreprise le Roi.

Sur la route qui le conduisait à Paris Napoléon fut acclamé par les ouvriers et les paysans comme le rempart des conquêtes révolutionnaires. Il y avait donc eu peur d'un rétablissement des droits féodaux et d'une contestation de la vente des biens nationaux, malgré les assurances du Roi. Les imprudences verbales de membres de la noblesse et du clergé ont jeté un doute sur les intentions réelles de la monarchie.

Du coup ressuscite la coupure droite-gauche née de la Révolution, lorsque, le 11 septembre 1789, les députés de l'Assemblée Constituante se scindèrent en deux groupes : les partisans du veto absolu du Roi, d'une monarchie forte, se placèrent à droite du président ; les partisans du veto limité, méfiants à l'égard du principe monarchique s'installant à gauche.

Droite-gauche : une division idéologique qui oppose désormais les tenants de la tradition à ceux du progrès, conservateurs contre libéraux.

La France a toujours été la proie de divisions. Il y eut les Armagnacs contre les Bourguignons au temps de la Guerre de Cent Ans, puis les catholiques contre les protestants au XVIe siècle. – Une nouvelle division inaugurée en 1789, droite contre gauche, contre-révolution et révolution, retrouve toute sa force en 1815, elle est même exacerbée par le deuxième retour des Bourbons.

Louis XVIII avait cru possible une réconciliation politique des Français autour de son trône en 1814. C'est un échec. Charles X contribuera à accentuer encore le fossé entre droite et gauche.

Comment pouvons-nous distinguer et regrouper les différentes interprétations du fait révolutionnaire dans les travaux historiques des grands ancêtres, Quinet, Michelet, Taine, Cochin, Aulard, Mathiez... ?

C'est en fonction de cette division entre une droite et une gauche que les historiens ont écrit l'histoire de la période. Bien sûr, il n'y a pas falsification des faits dans leur déroulement. Mais l'interprétation varie selon les idées, le tempérament et l'époque.

Pour la révolution, le clivage s'explique. On classe à droite Taine, Cochin et Gaxotte, à gauche Aulard, Mathiez, Lefebvre et Soboul. Ce clivage appararaît surtout à travers les débats des revues savantes, d'un côté, Cochin relevant les erreurs d'Aulard ou les historiens de droite dénonçant les plagiats de Soboul, de l'autre les attaques ou la conspiration du silence autour de Gaxotte accusé de n'être qu'un journaliste.

La bataille a fait rage lors du centenaire de la Révolution en 1889, puis lors du bicentenaire en 1989 où les passions furent à leur comble et où la commémoration se retourna contre ceux qui l'avaient décidée et où fut finalement instruit le procès de la Révolution.

Autour de Napoléon, les passions ne sont pas moins grandes mais les clivages plus subtils.

Contre Napoléon : l'ultra-droite. Chateaubriand fut le premier artisan de la « légende noire » avec son très contestable pamphlet *De Buonaparte et des Bourbons.* Il changera dans les *Mémoires d'outre-tombe.* Dans sa lignée figure Taine : « Plus tard, à Sainte-Hélène, Napoléon s'attendrira, en paroles, sur ce peuple français qu'il a tant aimé. La vérité est qu'il l'aime comme un cavalier aime son cheval, quand il le dresse, quand il le pare et le pomponne, quand il le flatte et l'excite, ce n'est pas pour le servir mais pour se servir de lui, pour l'employer jusqu'à l'épuiser. »

Maurras écrit sur un parallèle entre *Jeanne d'Arc, Louis XIV et Napoléon*, qui n'est pas à l'avantage de ce dernier. Léon Daudet dédie « à la haute mémoire de Cadoudal », *Deux idoles sanguinaires, la Révolution et son fils Bonaparte* : il voit dans l'Empire une caricature de la monarchie. Enfin c'est Bainville qui conclut sa biographie de l'Empereur : « Sauf pour la gloire, sauf pour l'art, il eût probablement mieux valu que Napoléon n'eût pas existé. »

La passion se trouve à l'extrême-gauche, du républicain Michelet à l'anarchiste Proudhon. Les libéraux n'ont jamais aimé Napoléon. Ici, c'est Constant qui ouvrit la voie avec *De l'esprit de conquête et de l'usurpation dans leurs rapports avec la civilisation européenne.*

A ce dénigrement systématique et passionné participent Vaulabelle, Quinet, le colonel Charras, Lanfrey, ... Jung, dans *Bonaparte et son temps* va plus loin que tous les autres en 1880 : « Napoléon a des connaissances plus qu'aucun de ses collègues ; il a le génie des conceptions nettes ; mais il n'a ni croyance, ni patrie et seul avec son épée, il est disposé, comme un vrai condottiere, à l'offrir au plus cher enchérisseur. » Il ignore donc la moralité. « Il ne sait même pas la valeur de ce mot. Où l'eût-il connue ? Une carrière militaire allait devenir à ses yeux une affaire plus ou moins lucrative, plus ou moins glorieuse, suivant qu'il l'exploiterait convenablement. »

Mais la passion est aussi dans l'autre camp. Napoléon fut incontestablement adoré par la majeure partie de ses soldats. Il a eu des historiens qui l'ont adulé comme Frédéric Masson, grand collectionneur dont Léon Daudet s'est férocement moqué. Aujourd'hui encore, alors que le Bonapartisme se porte mal comme mouvement politique, il existe des associations d'admirateurs inconditionnels de l'homme à la redingote et au petit chapeau. On collectionne tous les souvenirs le concernant, on achète tous les livres qui paraissent sur lui. Aucune réserve n'est admise.

Ce n'est pas pour rien que nous avons employé le mot PASSION dans le titre de cet ouvrage. Autant peut-être, plus même que les années 1940-1944 qui nous sont pourtant proches, la Révolution et l'Empire suscitent des réactions violentes, exagérées, irrationnelles. La Révolution et l'Empire continuent à vivre en nous, nous provoquent, nous irritent ou nous émeuvent. Epoque d'hommes de passion, elle suscite les passions de leurs descendants à la recherche d'un bien et d'un mal qui ne laissent pas indifférents les historiens.

Vous avez raison. L'historien devrait s'affranchir de ses préjugés, de ses haines ou de ses amours pour porter sur l'époque qu'il étudie le regard froid que le libertin porte sur la proie qu'il veut séduire. C'est en faisant abstraction de ses passions que l'historien pourra cerner, sinon connaître la vérité. Mais quel ennui suscite l'histoire glacée, érudite, impersonnelle. La Révolution doit beaucoup à Michelet, Napoléon à Chateaubriand car ils ont su faire partager à leurs lecteurs leur PASSION. Le plus bel hommage que l'on puisse rendre à des hommes passionnés, c'est d'en parler avec passion.

Conclusion

« Liberté, que de crimes on commet en ton nom ! » aurait murmuré Madame Roland avant de mourir.

Liberté fut le mot le plus employé entre 1789 et 1815. Mais jamais la liberté ne fut moins respectée qu'au cours de cette période. On devait d'ailleurs découvrir que la liberté n'existait pas. Il y a des libertés : liberté individuelle, liberté de la presse, liberté de conscience, liberté d'association, liberté économique... Toutes furent bafouées. La guerre servit de prétexte.

On supporta fort bien l'absence de ces libertés. Pour le paysan, c'est-à-dire pour l'immense majorité de la population, la liberté c'était la fin des contraintes féodales. Que lui importaient la liberté de la presse ou la liberté d'association. On a supporté moins bien l'absence de liberté de conscience au temps de la déchristianisation car cette dernière touchait à la vie quotidienne que rythmait la religion. La liberté des échanges commerciaux fut revendiquée dans les ports de l'Atlantique, victimes de la guerre maritime, puis du Blocus continental. Toutefois le retour déguisé des corporations dans certaines professions fut admis sans difficultés sous Napoléon : on en avait assez de l'anarchie dans le domaine médical ou dans les professions juridiques.

Une fois le transfert des biens d'Eglise et d'une partie des biens des émigrés effectué, c'est la propriété qui compte. S'il est une passion qui l'emporte alors, c'est celle de la possession de la terre. Le Père Grandet en est le symbole. Même un Bidermann immobilise une partie de ses capitaux en domaines fonciers. La terre est la valeur sûre, celle qui assure un rang dans la société.

Les nouveaux propriétaires vont désormais peser sur la vie politique et sociale : jamais force de l'ordre ne fut aussi impitoyable que cette Garde nationale de la monarchie de Juillet, formée essentiellement de propriétaires. La peur des « partageux » entraîne la terrible répression de juin 1848.

La propriété, voilà la seule vraie valeur au sortir de ces années terribles 1789-1815. Rastignac ne s'y trompera pas. Les personnages historiques les plus cités de *La Comédie humaine* sont Talleyrand et Fouché, survivants d'événements dramatiques. Ils sortent en 1815 de la scène politique, riches à millions. Qu'importent leurs trahisons, ils fascinent.

Chronologie sommaire

Cette chronologie n'a pour but que de replacer dans le temps les événements évoqués dans les entretiens :

12 novembre 1774 :	A peine monté sur le trône, Louis XVI annule la réforme de Maupeou qui, en démembrant le ressort du parlement de Paris eût permis de faire l'économie d'une révolution.
12 mai 1776 :	Renvoi de Turgot dont les réformes pourtant essentielles ont été condamnées par le Parlement.
6 février 1778 :	La France signe un traité d'alliance avec les Etats-Unis d'Amérique qui ont proclamé leur indépendance le 4 juillet 1776. Cette guerre va coûter cher. Directeur général des Finances, Necker doit emprunter. Trop. La dette publique devient un gouffre.
Mai 1781 :	Necker se retire. La publication de son « compte rendu » du budget a fait scandale. Il y révèle les dépenses de la Cour.
22 février 1787 :	Calonne, contrôleur général des Finances, conscient qu'il ne sera possible de rembourser les dettes de l'Etat qu'en réformant la fiscalité dans le sens d'un établissement de l'égalité devant l'impôt, fait convoquer par Louis XVI une assemblée des notables pour, en tournant le parlement de Paris, approuver ses réformes.

8 avril 1787	: Calonne est renvoyé, ses réformes ayant été repoussées par les notables.
3 mai 1788	: En conflit avec le successeur de Calonne, Loménie de Brienne, le parlement de Paris lance une déclaration des lois fondamentales du royaume dont il se déclare le gardien. Seuls, dit-il, les Etats généraux peuvent voter un impôt nouveau.
8 août 1788	: Brienne doit capituler et annoncer la convocation des Etats généraux pour le 1er mai 1789. Il laisse la place à Necker.
26-28 avril 1789	: L'hôtel du manufacturier Réveillon est pillé par des émeutiers. Le désordre s'installe dans le royaume.
4 mai 1789	: Procession d'ouverture des Etats généraux.
20 juin 1789	: Serment du jeu de Paume. Les députés s'engagent à donner à la France une constitution.
9 juillet 1789	: Les Etats généraux sont devenus l'Assemblée nationale constituante. Le Tiers Etat peut espérer imposer ses réformes.
14 juillet 1789	: Face au renvoi de Necker et à la volonté de Louis XVI de freiner les réformes, des émeutiers parisiens prennent la Bastille.
16 juillet 1789	: Le roi cède et rappelle Necker.
4 août 1789	: Dans la nuit du 4 au 5 l'Assemblée Nationale abolit la féodalité et les privilèges. C'est le triomphe de l'égalité.
26 août 1789	: Adoption de la Déclaration des droits de l'homme et du citoyen.
6 octobre 1789	: Le roi est ramené de Versailles à Paris.
2 novembre 1789	: Sur proposition de Talleyrand, l'Assemblée Constituante vote la nationalisation des biens du Clergé. C'est le début d'un énorme transfert de propriété.
19 décembre 1789	: Création de l'assignat gagé sur les biens du Clergé. D'incessantes émissions vont ruiner la Révolution.
12 juillet 1790	: Vote par l'assemblée de la Constitution civile du clergé.

14 juillet 1790 : Fête de la Fédération.
2 avril 1791 : Mort de Mirabeau.
21 juin 1791 : Fuite du roi et de sa famille. Ils sont arrêtés à Varennes.
17 juillet 1791 : La Fayette fait tirer sur une manifestation républicaine au Champ-de-Mars.
14 septembre 1791 : Le roi accepte la constitution.
30 septembre 1791 : Dernière séance de la Constituante.
3 mars 1792 : Le maire d'Etampes qui refusait, au nom du libéralisme, toute taxation des grains est massacré.
20 avril 1792 : La France déclare la guerre au roi de Bohême et de Hongrie.
25 avril 1792 : Rouget de Lisle chante chez le maire de Strasbourg son *Chant de guerre pour l'armée du Rhin.*
20 juin 1792 : Des manifestants envahissent les Tuileries pour forcer le roi à rappeler les ministres girondins et à lever son veto sur des décrets de l'Assemblée législative.
10 août 1792 : Les Tuileries sont prises par des manifestants et la monarchie est renversée.
2 septembre 1792 : Début des massacres dans les prisons.
20 septembre 1792 : Victoire de Dumouriez à Valmy.
21 septembre 1792 : Première séance de la Convention. La royauté est abolie.
21 janvier 1793 : Exécution de Louis XVI.
4 avril 1793 : N'ayant pu retourner son armée contre la Convention, Dumouriez déserte.
2 juin 1793 : Chute des Girondins.
12 juin 1793 : Cathelineau est élu chef de « l'armée catholique et royale ».
24 juin 1793 : Vote par la Convention d'une nouvelle constitution dont l'application est renvoyée à la paix.
13 juillet 1793 : Assassinat de Marat par Charlotte Corday.
29 juillet 1793 : Le capitaine Napoléon Bonaparte écrit *Le Souper de Beaucaire* où il prend parti contre l'insurrection fédéraliste déclenchée par les Girondins.

23 août 1793 :	Face aux périls intérieurs et extérieurs, la Convention décrète la levée en masse.
17 septembre 1793 :	Loi des suspects, fondement de la Terreur.
2 octobre 1793 :	Adoption du calendrier révolutionnaire, point fort de la politique de déchristianisation. Fouché est à Nevers où il fait inscrire à l'entrée des cimetières : « La mort est un sommeil éternel. »
7 novembre 1793 :	Exécution de Mme Roland.
12 décembre 1793 :	Défaite de l'armée catholique et royale au Mans.
19 décembre 1793 :	Reprise de Toulon aux Anglais.
10 janvier 1794 :	Grégoire invente le mot « vandalisme » pour dénoncer les destructions opérées par la politique de déchristianisation.
10 février 1794 :	Principal orateur des Enragés, Jacques Roux se donne la mort dans sa prison.
24 mars 1794 :	Exécution des Hébertistes qui tenaient la Commune de Paris et le Club des Cordeliers.
6 avril 1794 :	Exécution de Danton, Desmoulins, Fabre d'Eglantine, Chabot et Hérault de Seychelles.
26 juin 1794 :	Victoire de Fleurus.
25 juillet 1794 :	André Chénier est guillotiné.
27 juillet 1794 :	Robespierre est renversé par la Convention et exécuté le lendemain.
5 octobre 1794 :	Babeuf publie le *Tribun du peuple*.
22 octobre 1794 :	Ouverture de l'Ecole centrale des Travaux publics, future Ecole polytechnique.
23 janvier 1795 :	Les cavaliers de Pichegru s'emparent de la flotte hollandaise bloquée par les glaces du Texel.
1er avril 1795 :	Insurrection populaire dite de Germinal contre la Convention.
7 mai 1795 :	Fouquier-Tinville est guillotiné.
20 mai 1795 :	Nouvelle insurrection populaire dite de Prairial contre la Convention. L'armée intervient.
8 juin 1795 :	Annonce officielle de la mort de Louis XVII au Temple.
22 août 1795 :	La Convention adopte une constitution, la troisième depuis le début de la Révolution.

8 octobre 1795	:	Le décret des 2/3 provoque l'insurrection des sections modérées de Paris contre la Convention. C'est l'insurrection du 13 vendémaire que Bonaparte, appelé par Barras, réprime à coups de canon.
26 octobre 1795	:	La Convention se sépare.
31 octobre 1795	:	Le Directoire est élu. Barras en est l'homme fort.
19 février 1796	:	La planche à assignats est brûlée solennellement.
11 mars 1796	:	Bonaparte part de Paris pour l'armée d'Italie.
10 mai 1796	:	Victoire de Lodi.
29 décembre 1796	:	Echec de l'expédition d'Irlande sous Hoche.
2 février 1797	:	Capitulation de Mantoue. Bonaparte a chassé les Autrichiens de l'Italie du Nord.
26 mai 1797	:	Babeuf est condamné à mort.
3 juillet 1797	:	Talleyrand lit devant l'Institut créé en 1795 un projet de colonisation de l'Egypte.
9 juillet 1797	:	Proclamation de la République cisalpine à Milan.
4 septembre 1798	:	Coup d'Etat dit du 18 fructidor. Pichegru, dont les liens avec les Royalistes ont été prouvés, est arrêté ainsi que Barthélemy et plusieurs députés de la même tendance. Carnot s'enfuit.
17 octobre 1797	:	Signature de la paix de Campo-Formio avec l'Autriche.
25 décembre 1797	:	Bonaparte est élu membre de l'Institut.
11 février 1798	:	Berthier entre à Rome où sera proclamée la République romaine.
6 mars 1798	:	Entrée des troupes françaises à Berne.
10 mai 1798	:	Le Directoire casse les élections des Jacobins par le coup d'Etat dit du 22 floréal.
19 mai 1798	:	Départ de Toulon de l'expédition d'Egypte.
21 juillet 1798	:	Victoire de Bonaparte aux Pyramides.
1er août 1798	:	La flotte française est détruite à Aboukir et Bonaparte se trouve prisonnier de sa conquête égyptienne.
5 septembre 1798	:	Vote du système de la conscription.

8 septembre 1798	:	Echec de la République irlandaise qu'avait tenté de proclamer le général Humbert.
17 septembre 1798	:	Première exposition des produits de l'industrie française (Breguet, Conté...).
23 janvier 1799	:	Championnet entre à Naples qui a eu l'imprudence d'entrer dans la deuxième coalition contre la France avant même sa proclamation.
12 mars 1798	:	La deuxième coalition contre la France est formée : elle unit à l'Angleterre, la Russie, la Turquie et l'Autriche.
17 mai 1799	:	Bonaparte lève le siège de Saint-Jean-d'Acre.
17-18 juin 1799	:	Conflit entre le Directoire et les conseils à l'avantage de ces derniers. C'est le coup d'Etat du 29-30 prairial.
20 juillet 1799	:	Fouché devient ministre de la Police.
15 août 1799	:	Joubert est tué à Novi. L'Italie est perdue.
25-26 septembre 1799	:	Victoire de Masséna à Zurich.
9 octobre 1799	:	Bonaparte est de retour en France.
9-10 novembre 1799	:	Coup d'Etat des 18-19 brumaire.
15 décembre 1799	:	Proclamation d'une nouvelle constitution.
17 février 1800	:	Création des préfets.
14 juin 1800	:	Victoire de Marengo.
3 décembre 1800	:	Victoire de Moreau à Hohenlinden.
24 décembre 1800	:	Explosion de la machine infernale de la rue Nicaise.
9 février 1801	:	Paix de Lunéville.
15 juillet 1801	:	Signature du Concordat.
25 mars 1801	:	Paix d'Amiens.
1er mai 1802	:	Création des lycées.
19 mai 1802	:	Institution de la Légion d'honneur.
4 août 1802	:	Constitution de l'an X. Bonaparte devient consul à vie.
2 novembre 1802	:	Mort de Leclerc à Saint-Domingue.
3 mai 1803	:	Vente de la Louisiane aux Etats-Unis.
21 mars 1804	:	Exécution du duc d'Enghien.
18 mai 1804	:	Napoléon Bonaparte est proclamé empereur des Français.
10 juillet 1804	:	Fouché redevient ministre de la Police après sa disgrâce de 1802.

2 décembre 1804 :	Sacre de Napoléon.
10 septembre 1805 :	L'Autriche attaque la Bavière. La guerre entre la France et la troisième coalition est commencée.
19 octobre 1805 :	Victoire d'Ulm.
21 octobre 1805 :	Défaite de la marine franco-espagnole à Trafalgar.
2 décembre 1805 :	Victoire d'Austerlitz.
26 décembre 1805 :	Paix de Presbourg avec l'Autriche.
30 mars 1806 :	Joseph roi de Naples.
5 juin 1806 :	Louis roi de Hollande.
26 août 1806 :	Ultimatum prussien à la France. Début de la guerre entre la France et la quatrième coalition.
14 octobre 1806 :	Victoire d'Iéna.
21 novembre 1806 :	Décret de Berlin instituant le Blocus continental.
8 février 1807 :	Victoire d'Eylau.
14 juin 1807 :	Victoire de Friedland.
7 juillet 1807 :	Signature du traité de Tilsit instituant une alliance franco-russe.
9 août 1807 :	Talleyrand est écarté du ministère des Affaires étrangères.
16 août 1807 :	Jérôme roi de Westphalie.
1er mars 1808 :	Création de la noblesse d'Empire.
4 juin 1808 :	Napoléon fait de Joseph un roi d'Espagne.
15 juin 1808 :	Murat roi de Naples.
22 juin 1808 :	Défaite de Dupont à Baylen.
27 septembre 1808 :	Entrevue d'Erfurt entre Alexandre Ier et Napoléon. Celui-ci veut avoir les mains libres en Espagne.
4 décembre 1808 :	Napoléon prend Madrid.
20 décembre 1808 :	Spectaculaire réconciliation de Fouché et de Talleyrand qui préparent l'avenir.
8 avril 1809 :	L'Autriche attaque la Bavière.
6 juillet 1809 :	Victoire de Wagram. Arrestation de Pie VII.
14 octobre 1809 :	Paix de Vienne avec l'Autriche.
2 avril 1810 :	Mariage de Napoléon et de Marie-Louise.
3 juin 1810 :	Disgrâce de Fouché.
9 juillet 1810 :	Réunion de la Hollande à la France.

20 mars 1811	:	Naissance du roi de Rome.
19 janvier 1812	:	Victoire de Wellington à Ciudad-Rodrigo.
24 juin 1812	:	Napoléon franchit le Niemen. Début de la campagne de Russie.
14 septembre 1812	:	Napoléon entre dans Moscou.
18 octobre 1812	:	Départ de Napoléon de Moscou. La retraite commence.
23 octobre 1812	:	Coup d'Etat manqué du général Malet.
17 mars 1813	:	La Prusse déclare la guerre à la France.
2 mai 1813	:	Victoire de Lützen.
20 mai 1813	:	Victoire de Bautzen.
21 juin 1813	:	Victoire de Wellington à Vittoria. L'Espagne est perdue.
12 août 1813	:	L'Autriche déclare la guerre à la France.
16-19 octobre 1813	:	Défaite de Leipzig. L'Allemagne est perdue.
16 novembre 1813	:	La Hollande est soulevée contre la France.
30 décembre 1813	:	Les Autrichiens occupent la Suisse.
17 janvier 1814	:	Défection de Murat. La domination française sur l'Italie est compromise.
30-31 mars 1814	:	Capitulation de Paris devant les Alliés.
2 avril 1814	:	Le Sénat prononce la déchéance de Napoléon à l'instigation de Talleyrand.
6 avril 1814	:	Abdication sans condition de Napoléon. Le traité de Fontainebleau va lui attribuer l'île d'Elbe.
29 avril 1814	:	Louis XVIII arrive à Compiègne.
30 juin 1814	:	Traité de Paris qui ramène la France à ses limites de 1792.
1er novembre 1814	:	Ouverture du Congrès de Vienne.
1er mars 1815	:	Napoléon débarque à Golfe-Juan.
30 mars 1815	:	Murat lance la proclamation de Rimini appelant l'Italie à se soulever.
22 avril 1815	:	Acte additionnel aux constitutions de l'Empire.
18 juin 1815	:	Défaite de Waterloo.
22 juin 1815	:	Sous la pression de la Chambre des députés que manœuvre Fouché, Napoléon abdique en faveur de son fils retenu par les Autrichiens.
8 juillet 1815	:	Louix XVIII est de retour à Paris.

Index

Les noms des historiens sont en italique.

Table des matières

Achevé d'imprimer en mars 1996
sur système Variquik
par l'imprimerie Sagim
à Courtry
pour les Editions Bartillat

–

Composition :
D.V. Arts Graphiques
28700 Francourville

Imprimé en France

Dépôt légal : mars 1996
N° d'édition : 158 – N° d'impression : 1609
ISBN 2.84100.066.4